Berger
Der okkulte Bach

Frank Berger

# Der okkulte Bach

## Zahlengeheimnisse in Bachs Leben und Werk

Verlag Freies Geistesleben

*Maria Schüppel in Dankbarkeit gewidmet*

ISBN 978-3-7725-1685-6
Neuausgabe (2. Auflage) 2016
**Verlag Freies Geistesleben**
Landhausstraße 82, 70190 Stuttgart
Internet: www.geistesleben.com


Einband: Thomas Neuerer
Druck: GGP Media GmbH, Pößneck
Printed in Germany

# Inhalt

# Geleitwort

«Die Musik ist eine verborgene arithmetische Übung der Seele, die dabei nicht weiß, dass sie mit Zahlen umgeht.» Dieser Satz von Gottfried Wilhelm Leibniz bezieht sich auf den geheimnisvollen Zahlenhintergrund jeder Musik. Wenn der Leser in der vorliegenden Schrift *Der okkulte Bach* ganz konkret auf eine Fülle von staunenswerten, rätselhaften und nach «normalen» Maßstäben unerklärlichen Zahlenstrukturen in Bachs Werken hingewiesen wird, so wird er sich fragen, ob Bach beim Komponieren bewusst mit diesen Zahlen umgegangen ist.

Kenner und Liebhaber der Bachschen Musik können durch Frank Bergers Studie viele Anregungen empfangen, zum Beispiel durch seine Hinweise auf Gliederungsgesichtspunkte. Lenke ich als Hörer oder Spieler der *Goldberg-Variationen* meine Aufmerksamkeit auf die Zwei-Gliederung und bemerke, wie eine Wiederholung einer musikalischen Phrase nie eine bloß mechanische Wiederholung des Gleichen sein kann, sondern ein Wiedererstehen des Vorangegangenen unter neuen Aspekten, so beginnt die Musik wie von selbst in größeren Rhythmen zu schwingen. Oder ein anderes Beispiel: Betrachte ich die Drei-Gliederung jeder Variationsgruppe, wie jeweils die erste Variation ein Charakter- oder Tanzstück ist, die zweite ein Spielstück mit sich durchkreuzenden Stimmen und die dritte jeweils als strenger Kanon gestaltet ist, so lerne ich Bach als einen vorbildlichen Musiktherapeuten kennen, der seinem Patienten, Spieler und Hörer eine klare Ordnung vorgibt und diese dann in allen Schichten durchrhythmisiert: im Willensmäßigen (Tanzformen), im Gefühlsleben (Durchkreuzungsvariationen) und im Geistigen (Kanons). Für alle spielenden und hörenden Musikfreunde, denen die Schaffung gesunder, ausgewogener, wohltemperierter Verhältnisse ein Anliegen ist, erweist sich auch Bergers Anregung, die Variationen unter dem Gesichtspunkt der Vier und damit der vier klassischen Elemente und Temperamente zu prüfen, als überaus fruchtbar.

Um der eigentlichen Kulturmission Bachs auf die Spur zu kommen, lenkt Frank Berger den Blick des Lesers weit in die Vergangenheit zurück – bis in die Zeit Abrahams, in der laut Rudolf Steiner die alte Hellsichtigkeit allmählich verlorengegangen ist zugunsten des Aufkeimens eines neuen, abstrakten, arithmetischen Denkens. Heute, nachdem die Vereinseitigung dieses quantifizierenden Denkens auf vielen Gebieten zu verheerenden Auswirkungen geführt hat – auch auf dem Gebiet der Musik –, stellt sich für Berger und seine Leser die Frage, ob und wie dieses Denken wieder spiritualisiert und musikalisiert werden kann. Ist in diesem Zusammenhang die eigentliche Kulturmission Johann Sebastian Bachs zu sehen?

Eine wirkliche Spiritualisierung der Musik wird sich nicht losgelöst von der musikalischen Praxis entwickeln. Daher erscheint die Neuauflage dieses Buches mit einem Anhang mit praktischen Anregungen zu einer innovativen Zeitmaß-Gestaltung in den *Goldberg-Variationen* und in der *Kunst der Fuge*. Dass dies in Form von trockenen Metronomzahlen geschieht, ist für jede echte Musikerseele auch mit einem gewissen Schmerz verbunden, wird aber als Verständigungsmittel in Kauf genommen werden müssen. Wenn für die Musik als eine «verborgene arithmetische Übung der Seele, die sich des Zählens nicht bewusst ist», ihre ordnende und heilende Wirkung wieder zurückgewonnen werden soll, so bleibt ihr heute eine Kur durch einen bewussten Umgang mit Zahlen wohl kaum erspart.

Zürich, Johanni 2016 *Johann Sonnleitner*

# Vorbemerkung

Die vorliegende Schrift hatte ursprünglich den Charakter eines Privatdruckes in der «Edition Mensch & Musik», herausgegeben von der Musiktherapeutischen Arbeitsstätte, Berlin. Sie wandte sich an ein Publikum, das gewisse musikwissenschaftliche und anthroposophische Verständnisvoraussetzungen mitbrachte. Parallel zum Erscheinen fand ein Abendkurs statt, in dem die behandelten Themen anhand von Beispielen am Instrument ausführlich erläutert wurden.

Dies kann und will die erweiterte Buchausgabe nicht ersetzen. Gleichwohl habe ich versucht, die Schrift so zu gliedern, dass vom Allgemeinen, Einfachen zum Spezielleren, Komplizierten fortgeschritten wird, damit auch den mit dem Thema noch nicht Vertrauten ein leichterer Zugang in die Materie möglich wird.

Mir ist bewusst, dass das Thema «Der okkulte Bach» nicht unumstritten ist. Die Geschichte der Polemik gegen alle Versuche, solche Aspekte im Werk des Meisters herauszuarbeiten, ist lang. Hinzu kommt, dass die verwendeten Ausgangsthesen sehr unterschiedlich sind, ja einander sogar oft widersprechen. Die Forschungen der Niederländer Kasbergen und van Houten, die eine wesentliche Grundlage meiner Argumentation bilden, gehen in dieser Beziehung gewiss so weit, wie keiner vor ihnen je vorzudringen wagte. Da sie sich mir jedoch als ungemein fruchtbar und anregend sowohl für die Erkenntnisbildung wie für die musikalische Praxis erwiesen haben, habe ich sie – obwohl ich manches stark relativieren möchte – ganz bewusst herangezogen.

So sei diese Schrift allen ans Herz gelegt, die sich um einen vertieften Zugang zum immer noch nicht vollkommen gelösten «Rätsel Bach» bemühen.

Ostern 2000 *Frank Berger*

«Die Musik ist eine verborgene arithmetische Übung der Seele, die dabei nicht weiß, dass sie mit Zahlen umgeht. Denn vieles tut sie in Gestalt von unmerklichen Auffassungen, was sie mit klarer Auffassung nicht bemerken kann.»

*Gottfried Wilhelm Leibniz*

# Zahlenesoterik in Werk und Leben Johann Sebastian Bachs?

Über Zahlengesetzmäßigkeiten in der Musik Johann Sebastian Bachs ist bereits viel geforscht und publiziert worden. Einen Versuch, Zahlenrhythmen auch in der Biografie des Komponisten herauszuarbeiten, haben unter anderem Ingrid und Helmut Kaußler unternommen.[1] Wohl nie ist Derartiges aber weiter getrieben worden als in der im Bach-Jahr 1985 in den Niederlanden erschienenen Studie *Bach en het getal* («Bach und die Zahl») von Marinus Kasbergen und Kees van Houten.[2] Die Studie der beiden renommierten Musiker – Kasbergen ist Komponist und Hochschuldozent für Musiktheorie, van Houten Professor für Orgelspiel – hat in den Niederlanden, nicht zuletzt in kirchlichen Kreisen, großes Aufsehen erregt und Ratlosigkeit zurückgelassen. In Deutschland ist sie so gut wie unbekannt geblieben, obwohl die Autoren auch hierzulande durch Kurse und Publikationen zum Thema hervorgetreten sind. Worum geht es?

Im Hebräischen sind die Buchstaben gleichzeitig Zahl-Zeichen. Diese üblicherweise als «kabbalistisch» bezeichnete Tradition der Zahlensymbolik ist, in Übertragung auf das lateinische Alphabet, in der abendländisch-mittelalterlichen Tradition und insbesondere in der Musik der Renaissance (Niederländische Schulen) und des Barock häufig angewendet worden (Gematrie).[3] So hat der Buchstabe A den Zahlenwert 1, H den Wert 8 usw.[4] Auf diese Weise lassen sich nicht nur Texte oder Worte in Zahlen ausdrücken, sondern umgekehrt auch Zahlenstrukturen unter Umständen als Texte dechiffrieren. Ein konkretes Anwendungsbeispiel ist der Name «BACH». In Zahlen ausgedrückt, würde er so lauten: *2 1 3 8*. Diese Zahl lässt sich nun auf verschiedene Arten «lesen»: als (Quer-)Summe, als Produkt usw. Ähnlich wie es Rudolf Steiner in seinem

Nürnberger Zyklus über die Apokalypse am Beispiel der Zahl «666» dargestellt hat,[5] lassen sich verschiedene Zahlen beispielsweise auch als das Produkt der Einzelfaktoren 2, 1, 3 und 8 bilden: 2 · 1 · 3 · 8 = 48 oder 21 · 38 = 798; auch die *Reihenfolge* und die *Gruppierung* der vier Zahlenwerte dürfen verschieden sein. Als «Bach-Zahlen» können somit zum Beispiel auch die Formen 21 + 38 (Summe = 59) oder 3128 gelten. Sehr bedeutsam ist ferner die *Quersumme* dieser Zahlen: 14. Die Zahl 14 spielt, wie wir seit Langem wissen, als Signum für «Bach» eine überragende Rolle (14 *Kanons*, Nr. 14 der Inventionen und der *Goldberg-Variationen* etc.). Oft lassen sich Strukturen Bachscher Werke, die der Zahl 14 verpflichtet sind, durch musikalische Analyse wieder in eindeutige Einheiten (Takte, Gruppen) zu 2, 1, 3 und 8 unterteilen. Weitere wichtige Bach-Zahlen ergeben sich durch die erweiterte Schreibung des Namens: 41 (J. S. BACH, der «Krebs» der Zahl 14!), 158 (JOHANN SEBASTIAN BACH). Aber auch die durch Dezimalvergrößerung entstandenen Formen wie 140 und 1400 (statt 14), 410 und 1580 (statt 158) treten auf; daneben gibt es noch Formen wie beispielsweise 480 als Produkt von 2 · 1 · 3 · 80, wobei die 8 ebenfalls durch die Null erweitert («augmentiert») wurde. Ferner sind alle Permutationen, Umkehrungen und Krebsformen der vier Zahlen möglich. Tabelle 1 im Anhang (s. S. 73f.) gibt übersichtlich die wichtigsten Varianten von Bach-Zahlen wieder.

Dabei muss immer bedacht werden, dass in der Musik eine andere, «freiere» Art der Arithmetik gilt als in der Mathematik. Dennoch bin ich der Auffassung, dass diese Art des Umgangs mit Zahlen im Musikalischen qualitativ gesehen auf der untersten Ebene immer ihr Äquivalent im Mathematischen hat. Techniken wie Umkehrung, Krebs, Vergrößerung (Augmentation) und Verkleinerung (Diminution) werden auch in der Mathematik angewandt. So ist es zum Beispiel bei einer Produktbildung gleichgültig, in welcher Reihenfolge die einzelnen Faktoren auftreten. Der Unterschied zur «musikalischen Arithmetik» tritt erst auf einer höheren, eben erweiterten Ebene auf: Es ergeben sich sehr unterschiedliche Resultate, je nachdem, welche Gruppierungen zur Bildung eines Produkts benutzt werden: 384 (= 3 · 128) ist eben nicht dasselbe wie 576 (= 32 · 18) oder gar 1660 (= 2 · 1 · 830).

Kasbergen und van Houten haben bei ihren Forschungen das Gesamtwerk Bachs systematisch auf seine Zahlengliederungen hin untersucht. Ausgangspunkt bildete dabei die *musikalische Analyse*. Die sich ergebenden Strukturen wurden schließlich auf ihren Zahlenwert hin überprüft und sodann die möglichen «Bach-Zahlen» als Maßstab angelegt. Das Buch *Bach en het getal* besteht daher zu großen Teilen aus fundierten Analysen ausgewählter Werke. Wer esoterische Spekulationen oder mystische Enthüllungen erwartet, wird enttäuscht werden.

Dennoch birgt das Buch Zündstoff in sich. Denn bei der Analyse stellte sich heraus, dass nicht nur der *Name* BACH als Signum für die Individualität des Komponisten überall als Zahlenstruktur anwesend ist. Auch das *Geburts-* und *Todesjahr*, die Summe der *Lebenstage* Bachs (2 3 8 6 9), ja selbst das exakte *Geburts-* und *Todesdatum* des Komponisten sind als musikalische Struktur eindeutig erkennbar! Bei ihren Untersuchungen stießen die Forscher auf eine merkwürdige Art «doppelter Buchführung». Es treten Jahreszahlen auf, die auf eine andere Art von Zählung hinweisen. Ein «Geheimtipp» aus Kreisen, die sich als rosenkreuzerisch bezeichnen, brachte sie schließlich auf die Spur: Bach verwendete ganz offensichtlich eine Parallelzählung seiner Lebensdaten, die sich am Geburtsjahr des Christian Rosenkreutz (das Jahr 1378 wäre demnach das Jahr «0», Bachs Geburtsjahr das Jahr 307 in Rosenkreuzer-Zählung) orientieren. Ein zentrales (Zahlen-) Gebilde in der *Fama Fraternitatis*, einer der berühmtesten Rosenkreuzer-Schriften, die am Anfang des 17. Jahrhunderts abgefasst wurden und die eine große Verbreitung erlangten, ist der sogenannte «Grabspruch» (A.C.R.C. Hoc Universi Compendium Vivus Mihi Sepulchrum Feci), der auf dem Grab des Christian Rosenkreutz zu finden ist.[6] Er hat den «Buchstabenwert» 544. Die Autoren weisen nach, dass die Strukturen des Bachschen *Magnificat*, doch auch der 15 *Sinfoniae* (die «dreistimmigen Inventionen», Gesamttaktzahl

544) von Zahlenstruktur und -wert dieses Grabspruchs hintergründet sind (s. Tabelle 2 im Anhang, S. 75f.).

In einem Interview mit der niederländischen Zeitschrift *JONAS* erklären die Autoren freimütig, sie verständen eigentlich nicht, *was* sie da entdeckt hätten. Der Eindruck drängt sich auf, dass sie diejenigen waren, die zwar die Arbeit aufgrund jenes Geheimtipps leisteten, die eigentlichen Initiatoren der Sache aber im Hintergrund blieben. Deutlich ist jedoch die Absicht, die Publikation dieses «esoterischen» Gutes in einer vor der heutigen wissenschaftlichen Welt und der Öffentlichkeit verantwortbaren, methodisch einwandfreien Weise stattfinden zu lassen, was meines Erachtens auf seriöse Absichten deutet. Wir wollen diesen Punkt nicht ausdiskutieren, sondern zunächst an einigen konkreten Beispielen aufzeigen, *wie* sich die Signatur der Individualität «Bach» zahlenmäßig darstellt. Im Mittelpunkt stehen dabei die *Goldberg-Variationen*. Am Ende sollen dann weiterführende Fragen in Bezug auf diese Individualität und ihre weltgeschichtliche Mission gestellt werden. Der Schlüssel zu meinen Ausführungen liegt in den Äußerungen Rudolf Steiners über die Mission dessen, was er als das «arithmetische Denken» bezeichnete.

## *Die Zahl 14*<br>*als Signatur für «BACH»*

Wir wollen zunächst ein einfaches, besonders deutliches Beispiel für Zahlenstrukturen im Werk Bachs geben. Dabei greifen wir teilweise auf die Ergebnisse von Kasbergen und van Houten zurück.

Das *Präludium Nr. 1* (C-Dur) des *Wohltemperierten Claviers* (Teil I) besteht aus 549 Tönen. Die dazugehörige Fuge hat 734 Töne. Das sind zusammen 1283 Töne. Diese Zahl ist die umgruppierte Zahl 2138, der Name BACH in «Zahlenschrift». Das Thema der *Fuge* umfasst 14 Töne:

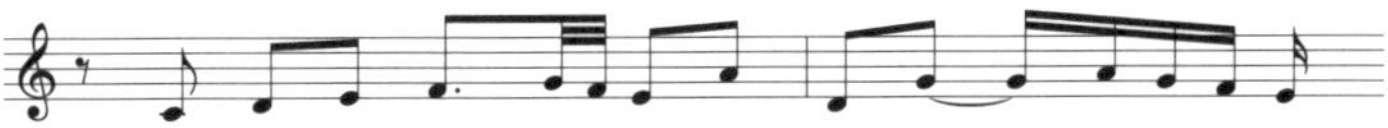

Es gibt in dieser Fuge im Ganzen 24 Themeneinsätze. Man könnte dies in Beziehung setzen zu der Tatsache, dass durch Präludium und Fuge I die Reihe der Fugen eröffnet wird. Und diese umfasst bekanntlich 2 · 12 = 24 Fugen (12 in Dur, 12 in Moll). In dieser Fuge Nr. 1 (s. S. 16f.) nimmt Bach durch eine einschneidende Kadenz (nach a-moll) in Takt 14 allerdings eine andere Gliederung vor, die die Einsätze in Gruppen von jeweils 10 und 14 trennt. Man könnte also Folgendes sagen: In Takt 14 (nach der Kadenz) beginnt eine musikalische Vierzehner-Gruppe, in der vierzehnmal das Thema erscheint, das in seiner Grundform aus 14 Tönen besteht! – Ferner zeigt der 14. Themeneinsatz (Sopran, Takt 15) eine Besonderheit: Er wird nicht regulär beendet, sondern (nach 7 Tönen) mit dem (regulären) 15. Einsatz verknüpft:

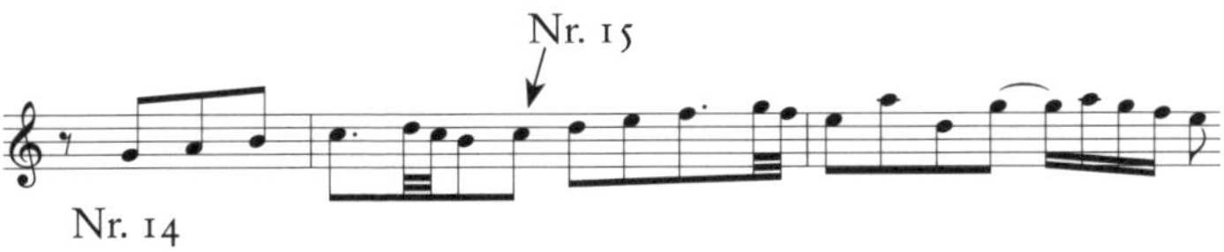


Zugleich bildet dieser verkürzte 14. Themeneinsatz einen von zwei Schlüsseln, die die 14 Themeneinsätze der letzten 14 Takte in 2,1,3 und 8 verteilen. Den anderen Schlüssel bildet der *Takt 23*. Er ist nämlich der einzige Takt innerhalb der ganzen Fuge, in welcher das Thema *nicht* erklingt – eine auffallende Besonderheit in einer Fuge, die ansonsten aus einer einzigen Aneinanderreihung von Themeneinsätzen besteht! Durch diesen Takt nun werden die letzten beiden Einsätze (in Takt 24 und 25) von den anderen zwölf Einsätzen dieses Teils getrennt. Unter Berücksichtigung dieser beiden Markierungspunkte ergibt sich das folgende Schema (s. S. 18).

# FUGA I

A 4 VOCI

BWV 846

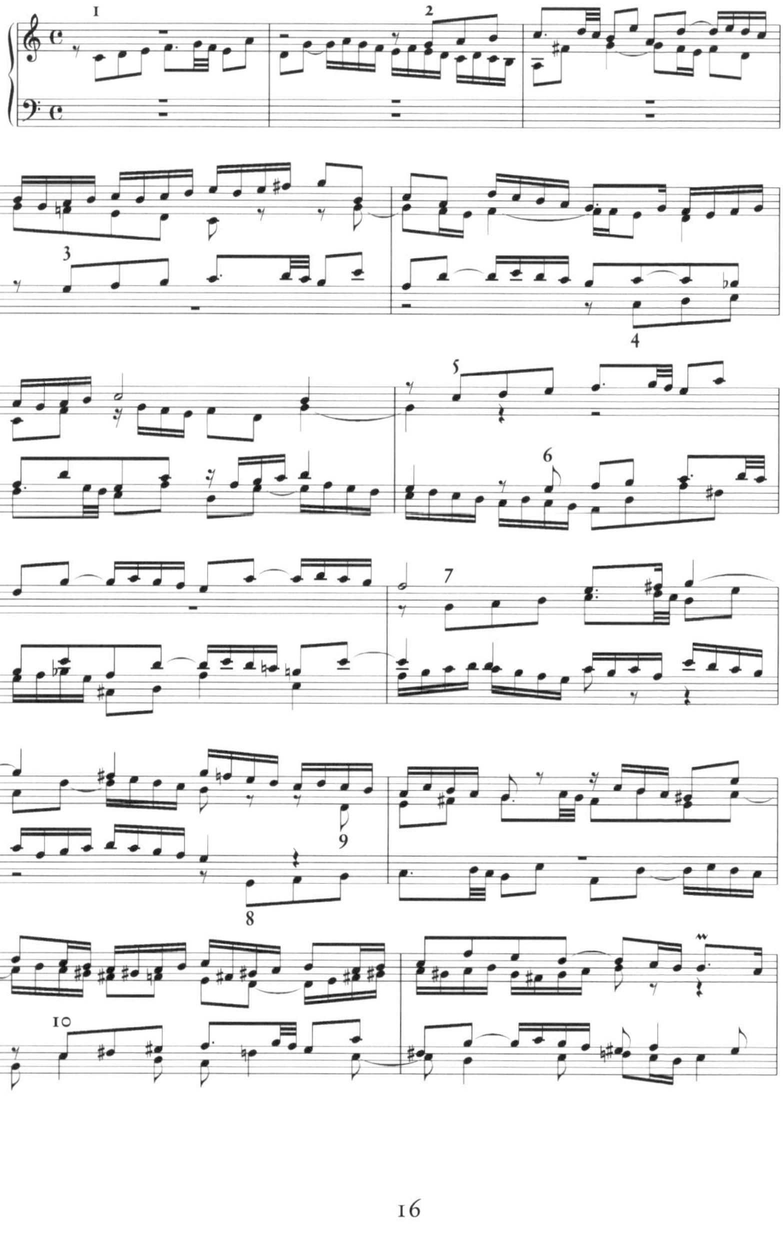

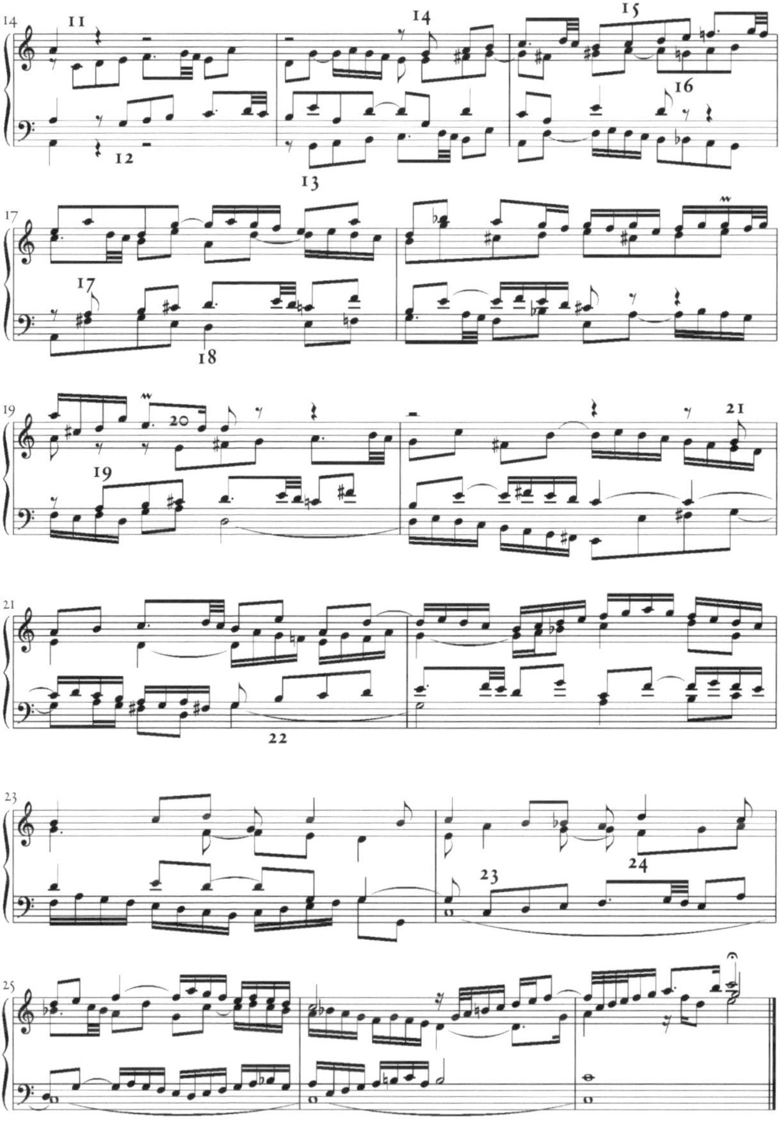

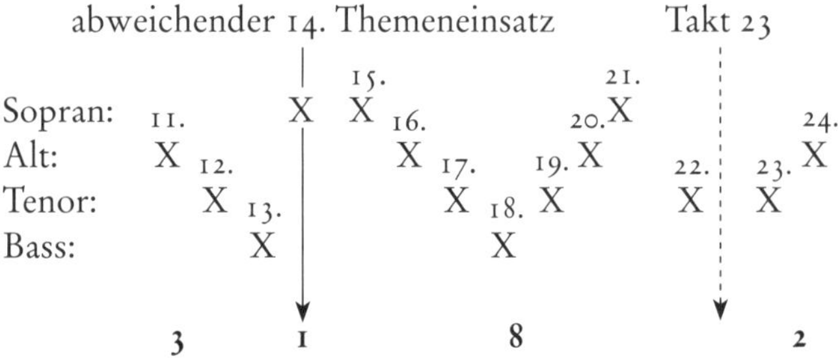


in Buchstaben: *C – A – H – B*

Wir erkennen auch hier wieder – und zwar rein aus der musikalischen Struktur heraus – ganz eindeutig jene Gliederung in die Zahlen 2, 1, 3 und 8! Diese kommt sogar noch ein weiteres Mal zum Vorschein. Betrachtet man nämlich die Aufeinanderfolge der Themeneinsätze der gesamten Fuge, so fallen ganz deutlich zwei höchste und zwei tiefste Einsätze auf. Die höchsten Einsätze erfolgen in Takt 7 (der 5. Einsatz) und in Takt 16 (Einsatz Nr. 15), beide vom c in der zweigestrichenen Oktave aus. Die tiefsten Einsätze sind Nr. 8 (in Takt 10) und Nr. 13 (Takt 15), beide vom G der großen Oktave aus. Diese Zahlen sprechen ebenfalls etwas aus:

| | | | |
|---|---|---|---|
| höchste Einsätze: | Nr. 5 | und | 15 |
| tiefste Einsätze: | Nr. 8 | und | 13 |
| | 13 | | 28 |
| In Buchstaben: | *AC* | | *BH* |

Dies ist also wiederum eine andere Anordnung der «Bach-Zahl». Solche «Permutationen» mögen zunächst konstruiert anmuten, vor allem dann, wenn man den Buchstabensinn berücksichtigt. Vom musikalischen Denken her sieht dies anders aus. Bekanntlich lässt sich der Name *BACH*, wie die *Kunst der Fuge* zeigt, auch als Ton-Buchstaben lesen. Es ergibt sich dann ein musikalisches Thema aus den Tönen *B, A, C* und *H*. In der Musik sind aber Umkehrungen und Permutationen von Tönen überhaupt nichts Besonderes. So kann ein solcher «Name» als rückwärts gespieltes Thema erscheinen («Krebs»): *H–C–A–B* usw. Solche Zahlenpermutationen sind demnach etwas zutiefst Musikalisches.[7] Was in anderen Bereichen abstrakt-konstruiert anmuten mag, ist hier konkrete, klingende Realität – unsere Fuge beweist das eindeutig genug!

# Gliederungsgeheimnisse in den Goldberg-Variationen

Betrachten wir jetzt einmal die *Goldberg-Variationen*, jenen Zyklus von dreißig «Veränderungen» über eine Aria «vors Clavicimbal mit 2 Manualen», den Bach um 1740 herum komponiert hat. Hier lassen sich die Ebenen und «esoterischen» Implikationen der Bachschen Musik besonders gut erkennen. Und auch hier haben die Forschungen von Kasbergen und van Houten Erstaunliches zutage gefördert. Die *Goldberg-Variationen* sind von tiefen Zahlengeheimnissen geprägt. Sie lassen sich auf verschiedenste Weise gliedern, und alle Varianten sind gleich schlüssig und gültig.

## *Die Zwei- und Viergliederung der Goldberg-Variationen*

Zunächst fällt deutlich auf, dass der ganze Zyklus unter dem Gesetz der «2» steht. Die *Aria* (s. S. 22f.), die den Ausgangspunkt des Ganzen bildet, eine Art Sarabande, ist in zwei große Teile gegliedert; diese Teile sind in sich wieder zweigliedrig (Taktschema: 8 + 8). Die *Aria* erscheint auch *zweimal:* einmal zu Anfang, als «Thema» der 30 Variationen, und endlich noch einmal «da capo», ganz am Ende, zum Beschluss. Sie ist gewissermaßen das Alpha und Omega dieses kleinen Kosmos.

Ähnlich wie bei der *Aria* selbst steht es mit dem Aufbau des Gesamtzyklus: In der Mitte steht *Variation 16*, eine *Ouverture* im französischen Stil, die die zweite Hälfte der Evolution eröffnet. Dieses Stück ist übrigens das einzige, das seiner Anlage nach *zweiteilig* ist. – Jeder dieser zwei großen Teile ist in sich wieder zweiteilig gegliedert und entspricht damit im Großen der Mikrostruktur des Themas: Nach dem achten Takt jedes Teiles beginnt dort eindeutig eine zweite Hälfte; dem entspricht eine – allerdings feine – Zäsur nach dem achten Stück des Zyklus (*Variation 7*) bzw. (in der zweiten Hälfte) nach *Variation 23*, dem 24. Stück.[8]

Insgesamt kommen wir also, wenn wir die *Aria* zu Anfang und am Ende mitzählen, was ja durchaus legitim ist, auf zweimal 16 Stücke, die sich jeweils wieder in Achtergruppen untergliedern lassen, genau wie dies bei der *Aria* selbst der Fall ist (s. S. 24).

Die beiden «rahmenbildenden» Variationen (Nr. 1 und Nr. 30) sind außerdem in besonderer Weise aufeinander bezogen: Die erste Variation ist ihrem Charakter nach (obwohl von Bach nicht explizit so benannt) eine Art *Polonaise*, ein ursprünglich polnischer Tanzsatz also, die letzte ist das famose *Quodlibet*. Hier handelt es sich um eine typisch deutsche Gattungsform. Die über Thüringen und Sachsen weit verzweigte Bach-Sippe pflegte bekanntlich bei ihren Familientreffen die Kunst des Quodlibetsingens. Man könnte hier, wie ein Bach-Forscher scharfsinnig nachwies, durchaus von einer *«Saxonaise»* sprechen. Hintergrund dieser eigenartigen Einschließung aller anderen Variationen in ein solches Gegensatzpaar ist die Tatsache, dass Bach ja, wie der Titel der Goldberg-Variationen besagt, *Königl. Pohl. u. Churfl.Saechs. Hoff-Compositeur* war. Ein «dualistischer» Aufbau liegt auch von daher nahe.

Ferner ist ein Grundprinzip der Goldberg-Variationen die Tatsache der *Zwei-Manualigkeit*, die auf verschiedenste Weise immer wieder neu fruchtbar gemacht wird.

Betrachten wir den Phrasen-Aufbau der *Aria* noch einmal genauer: Es lässt sich, wie wir sahen, jeder ihrer beiden Teile (jeweils 16 Takte) in 2 · 8 Takte untergliedern. Diese sind aber, wie sich sofort zeigt, in sich wiederum zweiteilig. Jeder Teil ist also *viergliedrig*. Dieser Aufbau kommt in heutigen Drucken darin zum Ausdruck, dass die *Aria* normalerweise auf

# Aria

mit verschiedenen Veränderungen für Cembalo mit 2 Manualen

(Goldberg - Variationen)

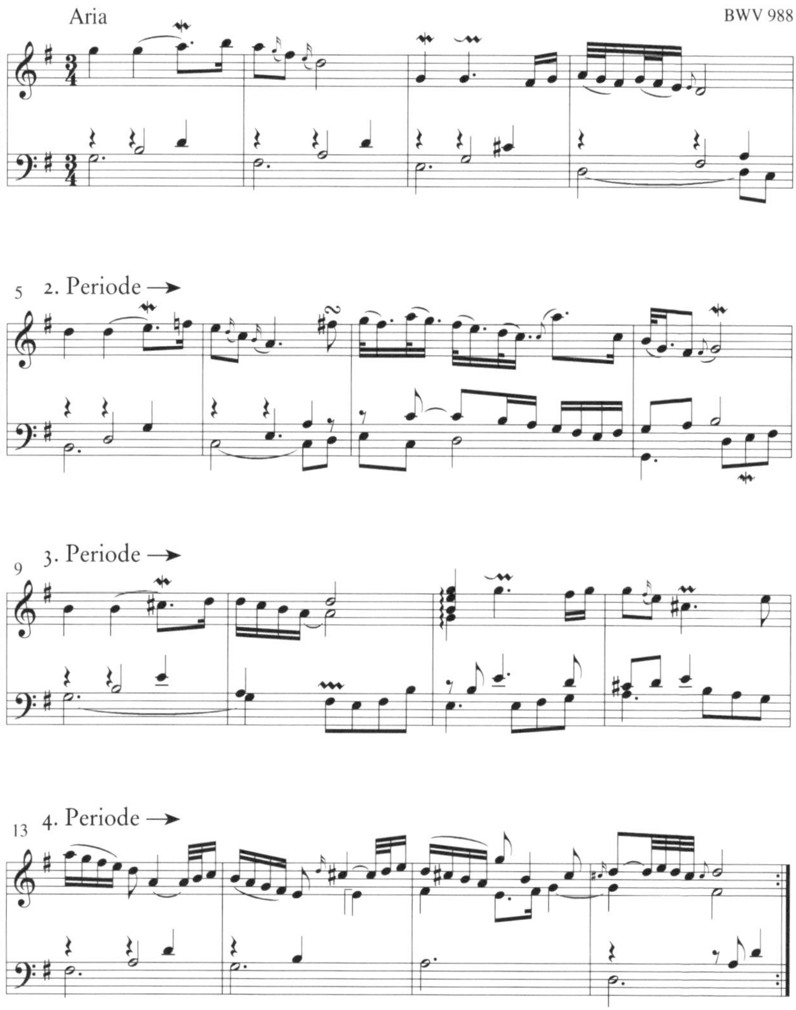

17 5. Periode →

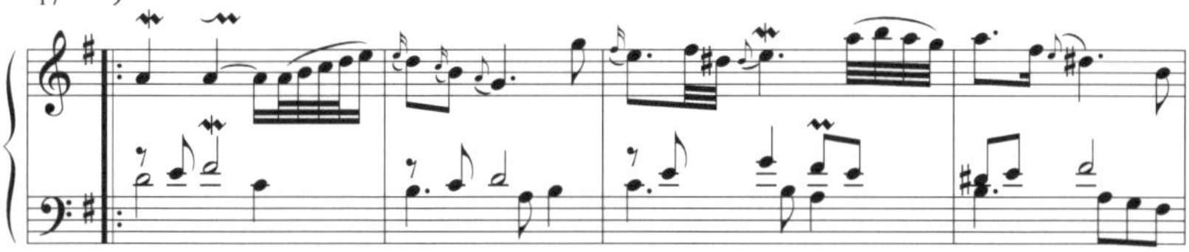

21 6. Periode →

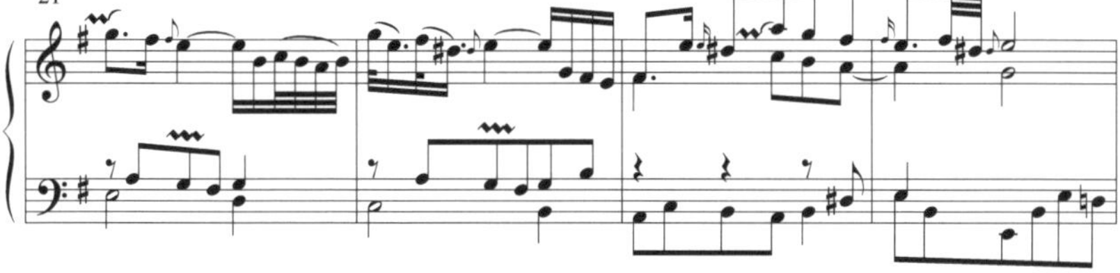

25 7. Periode →

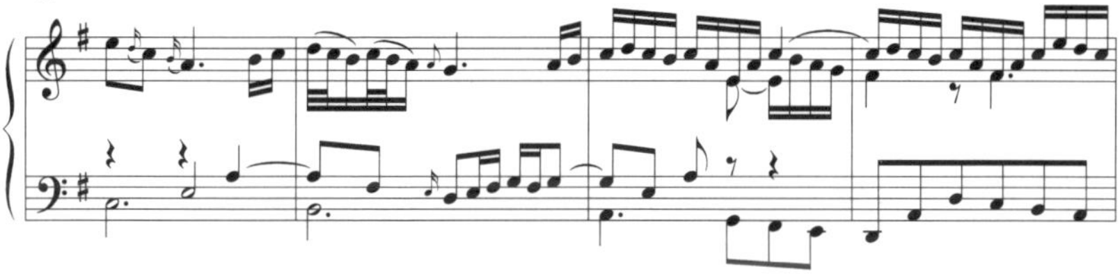

8. Periode →

29

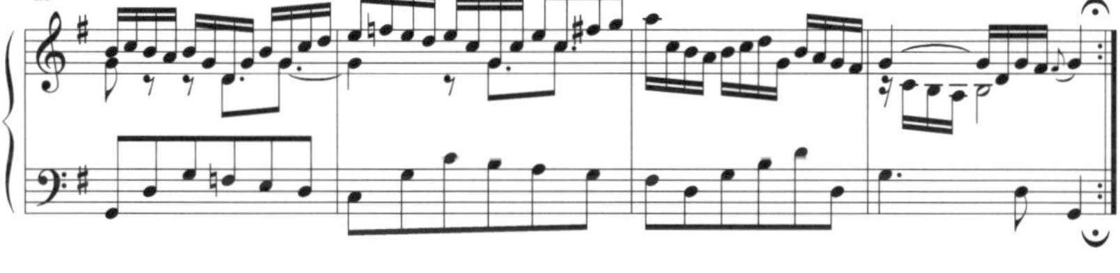

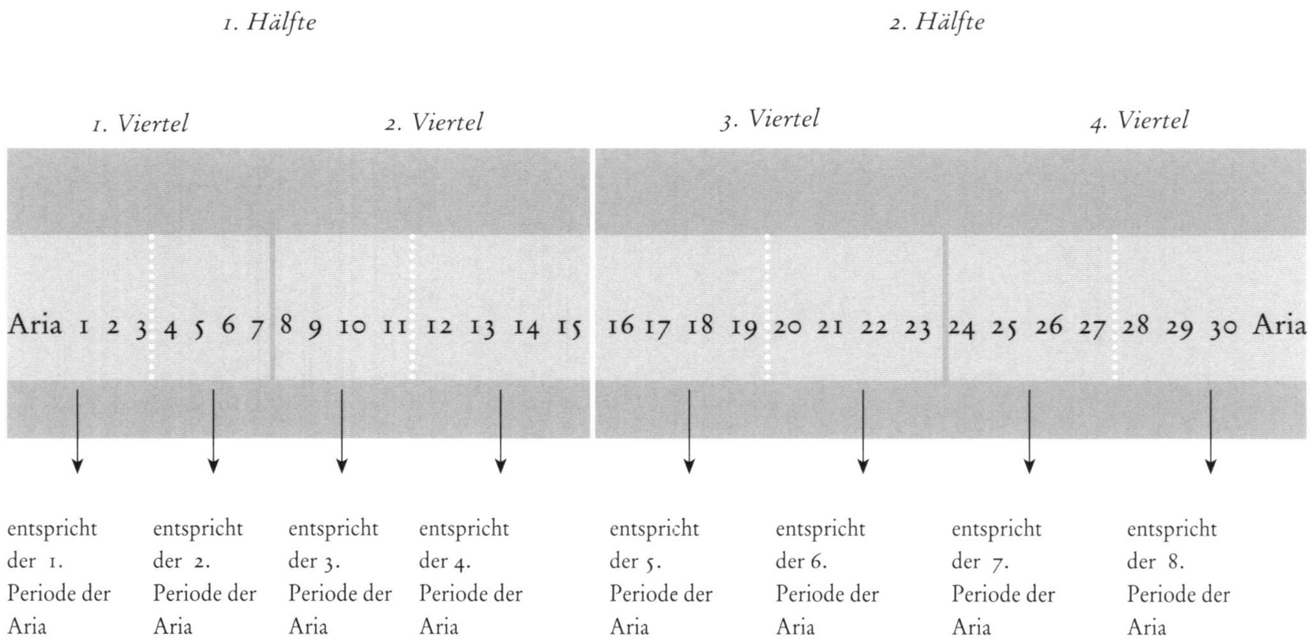
1. Hälfte
2. Hälfte
1. Viertel
2. Viertel
3. Viertel
4. Viertel
Aria 1 2 3 4 5 6 7 8 9 10 11 12 13 14 15 16 17 18 19 20 21 22 23 24 25 26 27 28 29 30 Aria
entspricht der 1. Periode der Aria
entspricht der 2. Periode der Aria
entspricht der 3. Periode der Aria
entspricht der 4. Periode der Aria
entspricht der 5. Periode der Aria
entspricht der 6. Periode der Aria
entspricht der 7. Periode der Aria
entspricht der 8. Periode der Aria

zwei Seiten zu jeweils vier Notenzeilen (Systemen) angeordnet wird.[9] Jede Zeile umfasst vier Takte. Anders ausgedrückt: jeweils vier Takte sind in vier Zeilen vertikal untereinander angeordnet, und dies insgesamt zweimal. Das deutet darauf hin, dass in der Zweigliederung eine *Viergliederung* verborgen ist. Der Schlüssel zu dieser liegt aber nicht in der bloßen weiteren Unterteilung der Achter-Perioden, sondern in der Anordnung, die sich ergibt, wenn wir die Variationen (inklusive der *Aria*) einmal genauso gruppieren wie die Taktgruppen der *Aria*, nämlich *untereinander*. Es treten dann jeweils die *vertikal* angeordneten Stücke miteinander in Korrespondenz:

| | | | | |
|---|---|---|---|---|
| entspricht der 1. Periode der Aria: | *Aria** | Var. 1 | Var. 2 | Var. 3 |
| entspricht der 2. Periode der Aria: | 4 | 5 | 6 | *7* |
| entspricht der 3. Periode der Aria: | 8 | 9 | 10 | 11 |
| entspricht der 4. Periode der Aria: | 12 | 13 * | 14 | *15* |
| ========== | ==== | ==== | ==== | ==== |
| entspricht der 5. Periode der Aria: | 16 | 17 | 18 | 19 |
| entspricht der 6. Periode der Aria: | 20 | *21* | 22 | 23 |
| entspricht der 7. Periode der Aria: | 24 | *25* | 26 * | 27 |
| entspricht der 8. Periode der Aria: | 28 | 29 | 30 | *Aria** |

*Die Goldberg-Variationen: Vierteilung. (Die kursiven Zahlen bezeichnen die Moll-Variationen, * = Sarabande.)*

Die Gliederung, die sich jetzt ergibt, erscheint zunächst uncharakteristisch. Was haben zum Beispiel Variation 3, 7, 11 und 15 miteinander gemeinsam? Ein eingehenderes Studium der zweimal vier Viererreihen führt auf die Spur: Ein *gemeinsamer Charakter* verbindet die Stücke einer solchen vertikalen «Reihe» miteinander. Und man wird nicht fehlgehen, diesen im Sinne der barocken Theologie und Symbolik mit den *vier Elementen* in Zusammenhang zu bringen. Mir persönlich ergab sich so folgende polare Anordnung:

| | erste Reihe | zweite Reihe | dritte Reihe | vierte Reihe |
|---|---|---|---|---|
| Element: | *ERDE* | *WASSER* | *FEUER* | *LUFT* |

Die verbindenden Gemeinsamkeiten liegen hier weniger auf der Ebene des Materials als solchem als vielmehr auf der der *Bildekräfte*, die dieses ergreifen und mit einer bestimmten Dynamik gestalten. Man wird dies nicht stereotyp auffassen dürfen. So gibt es zum Beispiel «wässrige» Variationen, die mehr einen trägen, öligen Charakter haben (z.B. Variation 21, der «Kanon in der Septime») oder erdige, die durchaus «hitzig» sind (z.B. Variation 16, die «Französische Ouverture»).

### *Elementare Bewegungsqualitäten*

Betrachten wir diese Qualitäten etwas genauer. Eine «typische» Wasser-Variation ist Nr. 5; locker fließende, leicht kräuselnde Bewegungsformen herrschen hier vor:

Variatio 5

(Wasser)

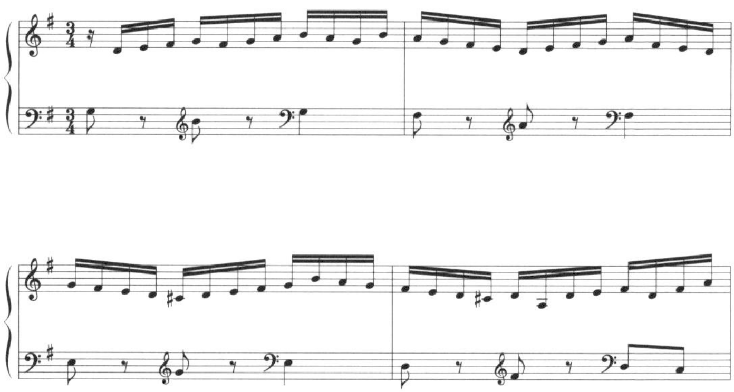

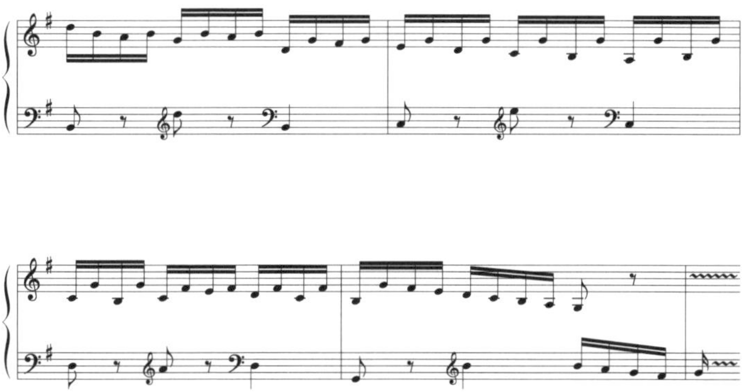

Deutlich luftig geprägt (klare, durchsichtige Stimmigkeit, nur zweistimmiger Satz) ist die Variation Nr. 7, eine wiegend-hüpfende Gigue:

Variatio 7
(Luft)

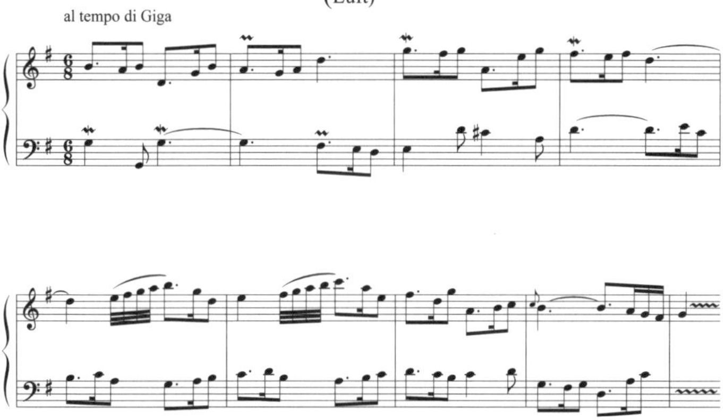


Noch einmal anders, nämlich spielerischer, fast bis zur Zerstäubung getrieben, erscheint das luftige Element in Variation 23:

## Variatio 23

(Luft)

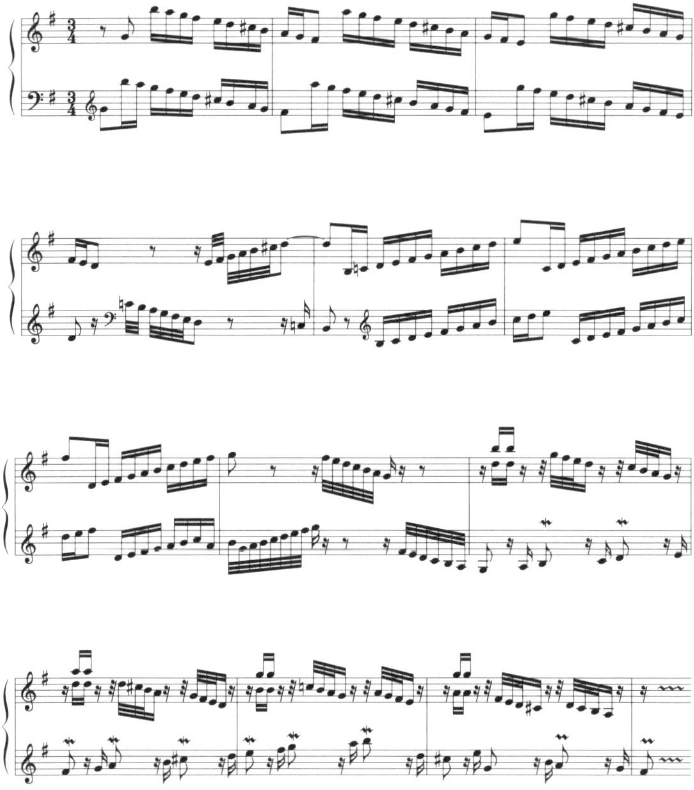

Typisch «erdig», das heißt dicht, kompakt, schwerfällig, mit viel (auch harmonischem) Reibungspotenzial, ist die Variation Nr. 12:

## Variatio 12

(Erde)

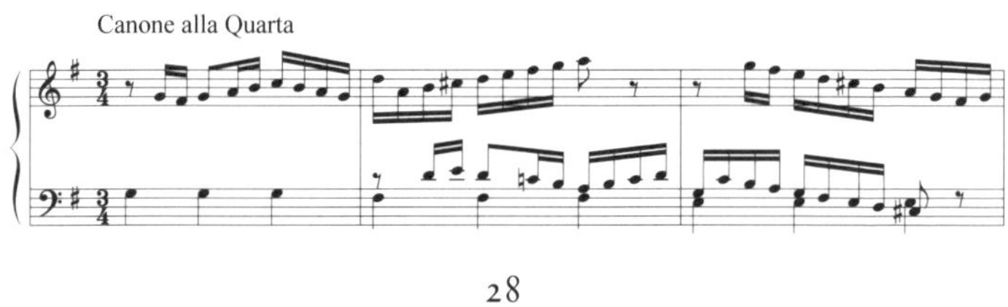

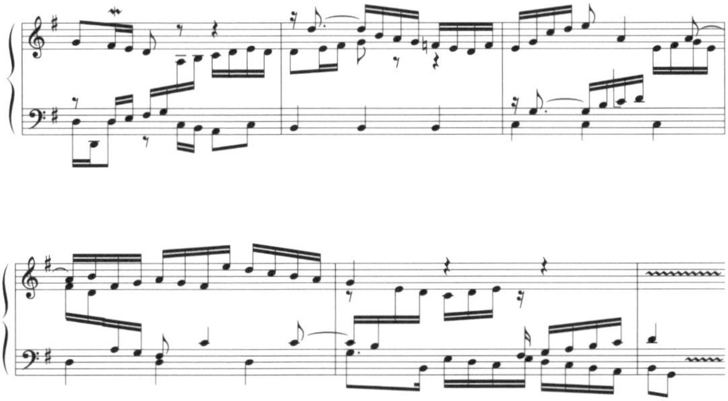

Einen feurig-funkensprühenden Duktus haben (trotz aller Unterschiede) die Variationen 14 und 26; hier ein Notenbeispiel aus der Variation 26:

Variatio 26

(Feuer)

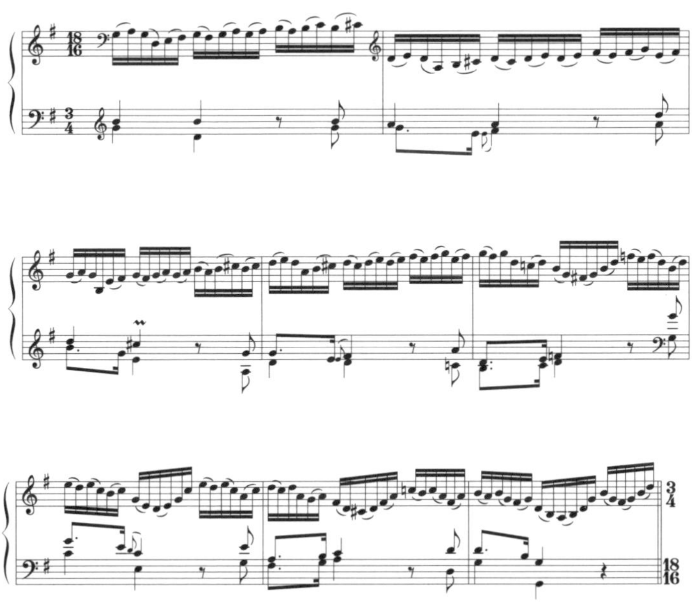

Bei diesem Beispiel ist übrigens darauf hinzuweisen, dass die Sechzehntel im seltenen 18/16-Takt nicht in Dreiergruppen zu phrasieren sind, wie dies zumeist zu hören ist, sondern in Zweiereinheiten, was zu reizvollen Verlagerungen gegenüber der jeweils im ¾-Takt geführten Partie führt.

Ein Beispiel für einen «gedämpften» wässrigen Charakter ist Variation 21:

Variatio 21

(Wasser)

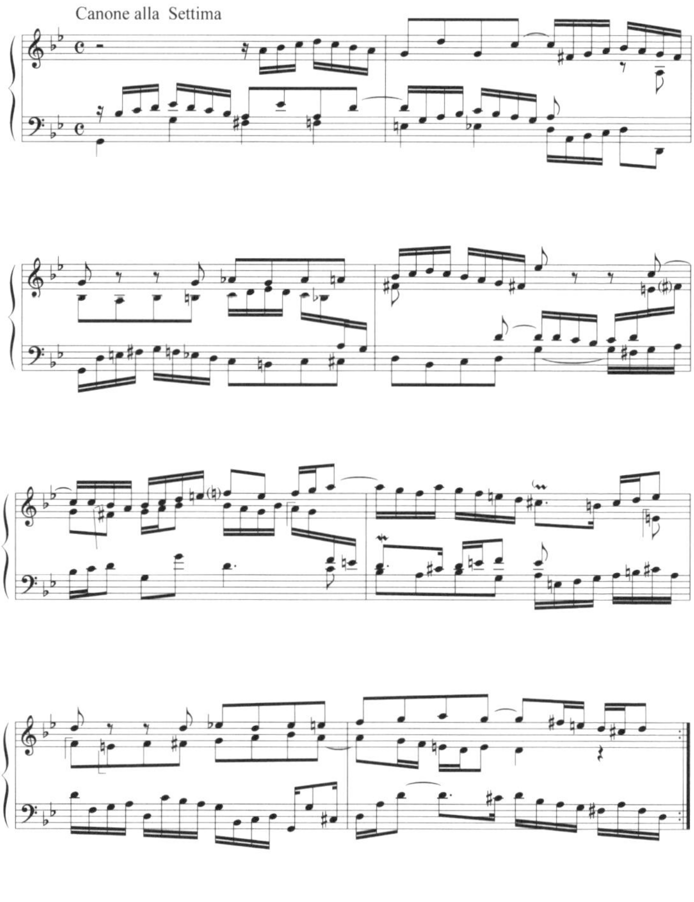

Der Strömungscharakter ist ölig, schlammig. Mit der «zähflüssigen» rhythmischen Struktur der Sechzehntel korrespondiert eine äußerst spannungsreiche Harmonik, die, wenn sie adäquat ausgehört werden will, keine rasche Strömungsgeschwindigkeit auch in der Interpretation erlaubt.

Auf eine Besonderheit sei in diesem Zusammenhang noch hingewiesen: Erscheint die *Aria* zu Anfang noch im «erdhaften», grundlegenden Charakter, so ist sie am Schluss, bei ihrem Wiedererscheinen, durch ihre Position – und nach allem, was an Entwicklungen vorangegangen ist – jetzt ganz ins Lufthafte transzendiert, obwohl sie von den Noten her gleich geblieben ist. Die *Aria* ist, wie bereits seit Langem bekannt, vom musikalischen Typus her eine *Sarabande*, also ein getragener, vornehmer Tanz bzw. Suitensatz. Sarabanden, die sehr stark der ursprünglichen *Aria* ähneln, sind auch die Variationen 13 und 26. Diese sind Vertreter des wässrigen bzw. feurigen Typus. So durchläuft die Aria auf dem Weg zu ihrem Wiedererscheinen eigentlich alle Elementenstadien – ein Aspekt, der für die Interpretation sehr anregend ist.

Ausdruck der Einbindung dieser Viergliederung in die große Zweigliederung scheint mir übrigens die «polare» Anordnung der Elementencharaktere in *konträren* Paaren zu sein:

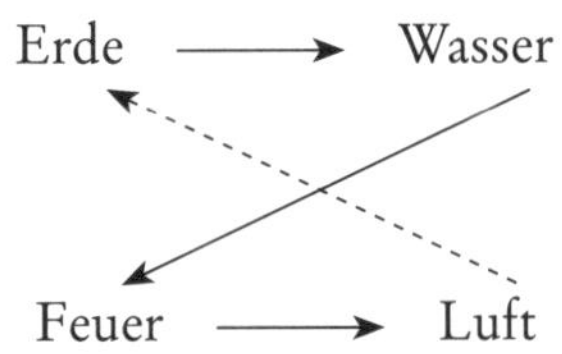

## *Die Dreigliederung in den Goldberg-Variationen*

In der bereits erwähnten Studie von Ingrid und Helmut Kaußler wird der Gesichtspunkt einer *Dreigliederung* der Goldberg-Variationen ausgearbeitet. Diese ergibt sich, wenn man die Folge der Variationen 1 bis 30 in *Dreiergruppen* einteilt. Den Abschluss jeder Gruppe bildet ein Kanon. Durch diese Kanons werden die Triaden gleichsam «nummeriert». Die Reihe beginnt mit dem Kanon in der Prim (im Einklang, «all Unisuono», nach der ersten Gruppe) und durchläuft alle Intervallstufen bis zur None («alla Nona», Abschluss der neunten Gruppe). Nun wäre eigentlich ein Kanon in der Dezime fällig. Doch diesen gibt es nicht. An seiner Stelle steht ein «potenzierter» Kanon, nämlich das vierstimmige *Quodlibet* (Variation 30, Abschluss der zehnten Gruppe). Dies deutet auf eine Unregelmäßigkeit hin.

Näher kommt man der Sache, wenn man sich die einzelnen Dreiergruppen genauer ansieht. Da zeigt sich dann, dass jeweils die erste Variation in solch einer Triade ein *«Charakterstück»* darstellt: fest umrissene, charakteristische (Tanz-)Sätze (Polonaise, Passepied, Gigue, Gavotte, Sarabande, Ouverture, Menuett, Allabreve, Arioso, Toccata), ein spezifischer *Typus* also. I. und H. Kaußler bringen dies mit dem Element des *Denkens* in Verbindung.

Die zweiten Stücke jeder Gruppe sind geistvolle, virtuose *Spielstücke*, in denen Bach mit ungeahnten, neuen technisch-musikalischen Möglichkeiten experimentiert. Nach Kaußler ist dies mit der mittleren Seelenkraft, dem *Fühlen*, verbunden.

Die letzten Stücke jeder Gruppe sind die *Kanons*. Hier manifestieren sich in der Bändigung und Führung der einzelnen Stimmen nach strengen Gesetzen *Willens*kräfte. Obwohl ich diese Deutung in keiner Weise infrage stelle, neige ich eher zu einer Charakterisierung im Sinne der Schillerschen Polaritätenpsychologie: Der Typus, das Charakterstück, die fest umrissene Form ist mir Ausdruck des Waltens eines *Formtriebs*, die mittleren Variationen sind *der* Ausdruck des *Spieltriebs* schlechthin, und die Kunst des Kanons beruht auf der Bändigung und Vertilgung des Stoffes *(Stofftrieb)*. Bezeichnenderweise löst sich hier die kristallisierende Formkraft, die die ersten Variationen jeder Gruppe kennzeichnet, völlig auf. Wir hören hier *Prozesse*, deren Phasen (ein Kanon beruht immer auf einer Phasenverschiebung) teilweise so ineinander verwoben sind, dass sie nicht immer als klares Gebilde eindeutig hörbar sind. Bezeichnenderweise ist auch die Melodik dieser Kanons ausgesprochen «uncharakteristisch», dafür aber umso entwicklungsfähiger.

Es gibt allerdings zwei Gruppen, die aus diesem Schema (s. S. 34) herausfallen: die erste (Variation 1 bis 3) und die letzte (Variation 28 bis 30). In der ersten Gruppe hat *Variation 2* nur sehr bedingt einen virtuosen Charakter. Sie ist ein sogenannter *freier Kanon*, neigt also bereits dem dritten Gestus, dem Kanonprinzip, zu; in der letzten Gruppe ist *Variation 29* sowohl virtuose Variation (mittleres Prinzip) als auch Charakterstück (Toccata, erstes Prinzip). Das bedeutet: In der allerersten Variationengruppe überwiegt der Gestus des Kanonischen, in der letzten der des «Charakterisierenden» (im virtuosen Sinne). Oder, anders ausgedrückt: Am Anfang des Gesamtzyklus muss sich das triadische Prinzip erst noch herausbilden – am Ende löst es sich wieder auf. In beiden Fällen entstehen so Mischformen aus Zwei- und Dreiheit.

Kehren wir nun zur Frage zurück, warum in der letzten Gruppe zudem der eigentlich fällige Kanon durch das *Quodlibet* ersetzt ist.

Hier werden wir nur fündig, wenn wir uns klarmachen, dass im Barock derartige Strukturen selbstverständlich theologisch-esoterisch hintergründet waren. Solche Dreiheiten lassen sich zum einen trinitarisch deuten: Vater, Sohn und Heiliger Geist. Andererseits weist die Aufteilung der zehn Gruppen in 9 + 1 (da die zehnte Gruppe keinen Kanon mehr hat, sondern ein Quodlibet, ist sie gegenüber den übrigen deutlich herausgehoben) auf die christliche Hierarchienlehre hin: neun «alte» Hierarchien, zu denen als zehnte der Mensch mit seinen voll

**ARIA** (Sarabande)

Var. 1 (Polonaise)

| | | |
|---|---|---|
| Var. 2 (freier Kanon) | | Var. 3 Canone all Unisuono |
| Var. 4 (Passepied) | Var. 5 | Var. 6 Canone alla Seconda |
| Var. 7 (Gigue) | Var. 8 | Var. 9 Canone alla Terza |
| Var. 10 (Gavotte) | Var. 11 | Var. 12 Canone alla Quarta |
| Var. 13 (Sarabande) | Var. 14 | *Var. 15* Canone alla Quinta |
| = = = = = = = = | = = = = = = = = | = = = = = = = = |
| Var. 16 Ouverture | Var. 17 | Var. 18 Canone alla Sesta |
| Var. 19 (Menuett) | Var. 20 (Cappriccio) | *Var. 21* Canone alla Settima |
| Var. 22 Alla Breve | Var. 23 | Var. 24 Canone all'Ottava |
| *Var. 25* (Arioso) | Var. 26 (Sarabande) | Var. 27 Canone alla Nona |
| Var. 28 (Toccata 1) | | Var. 29 (Toccata 2) |

Var. 30 Quod libet

**ARIA** (Sarabande)

*Die Goldberg-Variationen: Dreiteilung. (Die kursiven Ziffern bezeichnen die Moll-Variationen. Alle nicht in Klammern stehenden Titel stammen aus dem Erstdruck.)*

entwickelten Seelenkräften treten soll. Der Ausdruck «Quod libet» («Was beliebt») ist somit eine scherzhaft-tiefsinnige Charakterisierung des kosmischen *Freiheitsprinzips:* Der Mensch ist für sein Tun und Lassen selbst verantwortlich. Und nur dadurch kann er überhaupt einst zur zehnten Hierarchie werden!

Hat Bach dies wirklich so gemeint? Ich meine, ja. Denn die Texte, die dem Quodlibet zugrunde liegen, haben – obwohl ganz «weltlich» geprägt – durchaus einen Bezug zu dieser Thematik. Es handelt sich im Wesentlichen um zwei unbekannte, jedoch ganz bestimmte Volkslieder: 1) *Kraut und Rüben haben mich vertrieben / hätt' mei Mutter Fleisch gekocht / so wär ich länger blieben*; 2) *Ich bin so lang nicht bei dir g'west / Ruck her, ruck her, ruck her…* – Im allertiefsten Sinne gefasst, weist dies auf die Ausstoßung des Menschen aus dem Paradies («Kraut und Rüben haben mich vertrieben») und die Rückkehr als Partner der Götter («Ich bin so lang nicht bei dir g'west, ruck her…») hin. Der Mensch als der verlorene und heimkehrende Sohn der Götter!

Dies mag spekulativ klingen. Eine Analyse der Goldberg-Variationen unter theologischer Fragestellung zeigt aber, dass dies tatsächlich eine verborgene Grundaussage des Werks ist. Denn wenn hier tatsächlich das Herausfallen und Sich-wieder-Eingliedern des Menschen in den Kosmos der Götter gemeint ist, ein Evolutionsprozess also, so muss in der Mitte des Werks auch ein innerer Wende- und Umschlagspunkt liegen. Und diesen gibt es tatsächlich. Es ist die Schwelle zwischen erstem und zweitem Teil des Werks. Sie liegt zwischen Variation 15 (Kanon in der Quinte) und 16 (Ouverture). Der Charakter des Quintkanons – der ersten der drei g-Moll-Variationen des Zyklus – ist trostlose, melancholische, schwarze Einsamkeit. Die beiden Kanonstimmen verhalten sich *gegenläufig* («contrario motu»), symbolisieren also innere Ab-Wendung. Die führende Kanonstimme ist am Ende bereits verstummt, nur der tragende Bass und die zweite Kanonstimme (Sopran) erklingen noch. Das Stück endet gleichsam ratlos in größter Entfernung der beiden Stimmen voneinander (drei Oktaven plus Quint). Es entsteht dadurch der klangliche Eindruck der «Leere». Umso erschütternder ist dann das «Trometten und Posaunen» der nächsten, sechzehnten Variation, die wie ein großes «Et Resurrexit» wirkt und die zweite Evolutionshälfte des Zyklus einläutet.[10] Versucht man, Ähnliches sonst in der Musik zu finden, so wird man unwillkürlich an Mozarts *Zauberflöte* denken. Auch dort gibt es derartige Wende- und Todessituationen.

Was bewirkt diese Wende? Hier hilft ein Vergleich weiter: Der Kanon in der Quinte ähnelt bis in die konkreten Figurationen der beiden Stimmen dem Orgel-Choralvorspiel *O Lamm Gottes, unschuldig am Stamm des Kreuzes geschlachtet* (BWV 618).[11] Auch dieses Stück ist ein Quintkanon in Gegenbewegung, allerdings in F-Dur:

O Lamm Gottes, unschuldig

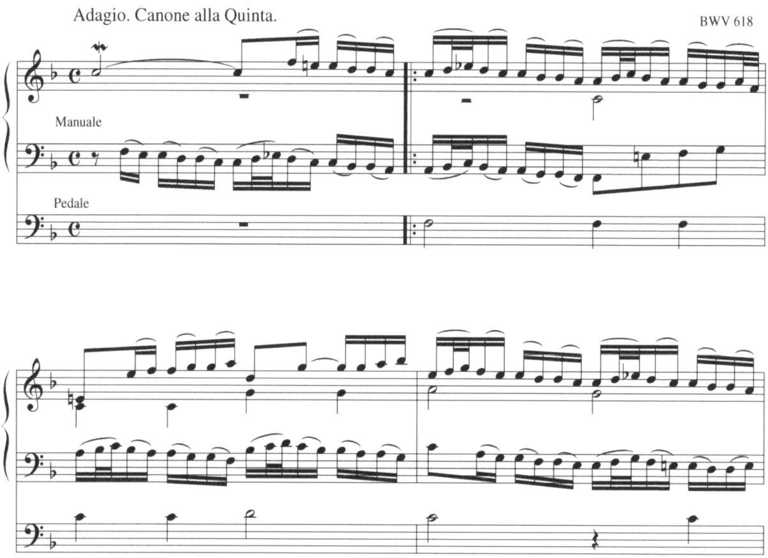

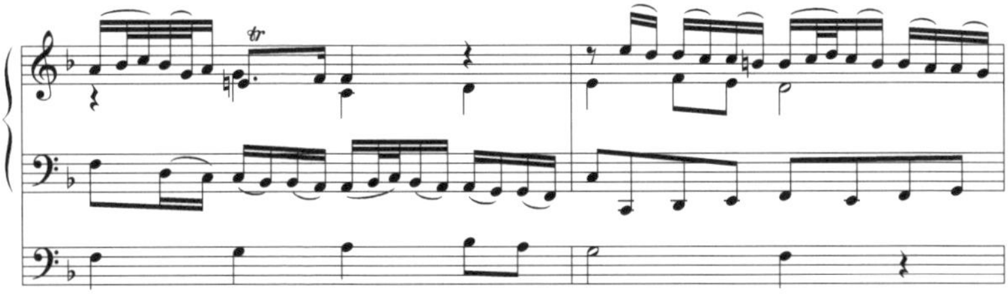

## Variatio 15 a 1 Clav.

Canone alla Quinta

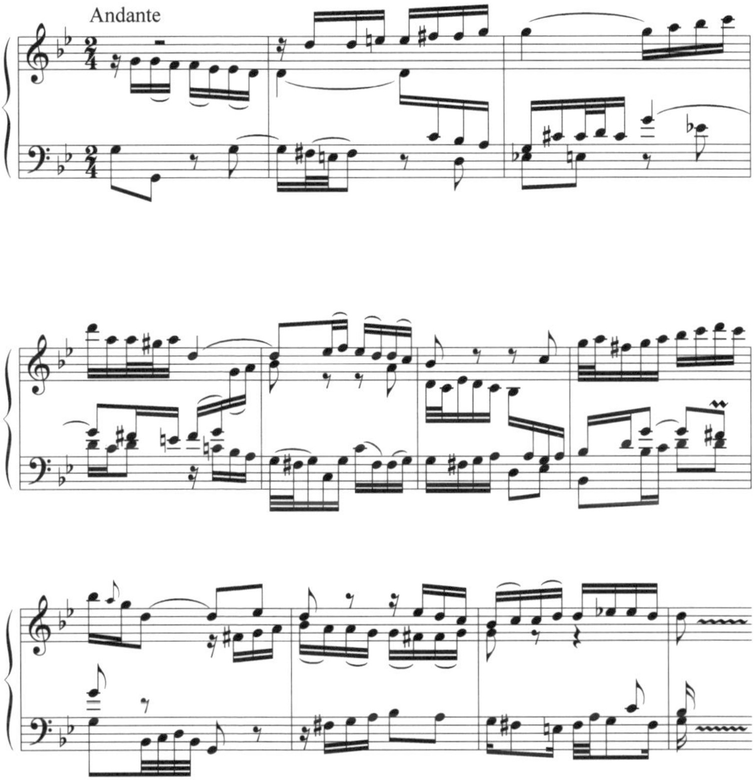

Die Botschaft ist deutlich: Der innere Umschwung innerhalb der Evolution der Goldberg-Variationen weist auf das zentrale Umschwungsereignis der Menschheitsevolution selbst hin – die Tatsache der Kreuzigung und Auferstehung.

## *Die Zahl 14 als Gliederungsprinzip in den Goldberg-Variationen*

Betrachten wir die Goldberg-Variationen zuletzt auch einmal unter dem Aspekt einer *Vierzehngliederung*. Wir konnten bereits zeigen, dass die Zahl 14 bei Bach wie eine Abbreviatur seines Namens gelesen werden kann. Tatsächlich ist das vierzehnte Stück des Zyklus die ganz besonders reich und edel gestaltete Variation 13, eine Sarabande. Lässt sich aber auch eine Gesamtgliederung unter dem Gesetz der «14» erkennen?

Dies hängt ganz vom Blickwinkel ab, unter dem der Aufbau des Werks betrachtet wird. So wurde zum Beispiel bei der Dreiergliederung der 30 Variationen in zehn Triaden die *Aria* selbst nicht in die Zählung mit einbezogen, wohl aber bei der Zweier- und Vierergliederung. Bei der Vierzehnergliederung – die, um es vorweg zu sagen, eigentlich eine Gliederung von zweimal sieben ist, die dreimal erscheint – ist die Zählweise nun noch «raffinierter»: Gehen wir nämlich von der Dreiergliederung aus, so muss die *Aria* als die Wurzel aller drei «Stammbäume» gesehen werden und füglich zu Beginn und am Ende jeweils dreimal mitgezählt werden. Aus dieser Sicht «eröffnet» die *Aria* jeden der drei Bereiche: den der Charaktervariationen, der virtuos-spielerischen und der Kanons. Zudem lassen sich die «ambivalenten» Variationen Nr. 2 und Nr. 29, die zur atypischen Erscheinung der ersten und letzten Triade führten, aufgrund eben dieser Ambivalenz *doppelt* zählen:

- *Variation 2* gehört einmal ganz regulär zur mittleren Gruppe, ist jedoch zugleich ein «freier Kanon» und somit auch der Gruppe der Kanons zugehörig.

– *Variation 29* gehört ebenfalls zur mittleren Gruppe, ist aber gleichzeitig als *Toccata* der (ersten) Gruppe der Charaktervariationen zuzurechnen.

Überdies sind die Variationen 1 und 30, wie wir sahen, als Polonaise bzw. «Saxonaise» gleichsam die Portale, die dem Ganzen vorangestellt sind. Durch sie wird der Mikrokosmos der Variationen betreten und verlassen. Füglich sind auch sie (in *dieser* Sicht) allen drei Reihen zuzurechnen. Diese «trickreiche» Verschränkung aller bisherigen Gesichtspunkte zu einem neuen, höheren lässt sich ebenfalls schematisch wiedergeben (siehe nachfolgendes Schema).[12]

In dieser Art der Zählung ist 3 · 14 also gleich 32 – eine Arithmetik, die so nur in der Musik möglich ist! Deutlich wird ferner, dass jede der drei 14er-Gruppen aus 2 · 7 Stücken besteht; 2-, 3-, 4- und 7-Gliederung kommen hier zur Synthese.

Jede der drei Gruppen hat hier nun eine *eigene*, selbstständige innere Mittelachse: Die zweite Reihe (der spielerisch-virtuosen Variationen) hat ihre Mitte zwischen Variation 14 und Variation 17, die dritte (Kanons) zwischen Quart- und Quintkanon (Variation 12 und Variation 15). Besonderes Letzteres überzeugt unmittelbar: Quart- und Quintkanon (beide in Gegenbewegung) stehen deutlich in einem polaren Verhältnis zueinander. Eine Besonderheit gibt es jedoch bei der ersten Reihe (Charaktervariationen). Hier verläuft die innere Symmetrieachse *mitten durch Variation 16*! Diese sechzehnte Variation zerfällt, dem Ouverturen-Typus gemäß, in zwei Teile, die in diesem Zusammenhang fast wie zwei aneinandergehängte Einzelvariationen (gewissermaßen wie Variation 16 a und 16 b) wirken, die einen völlig unterschiedlichen Charakter haben: Steht nämlich der triumphierend-feierliche erste Teil dieser Variation noch unter dem Gesetz der Gravität (gravitas = Schwere), des absteigenden Evolutionsprinzips, so ist der zweite bis in die melodischen Figurationen hinein ein Ausdruck der Auftriebsbewegung, der Leichte (Levitation). Was die große Zweiteilung des Gesamtzyklus prägte – das

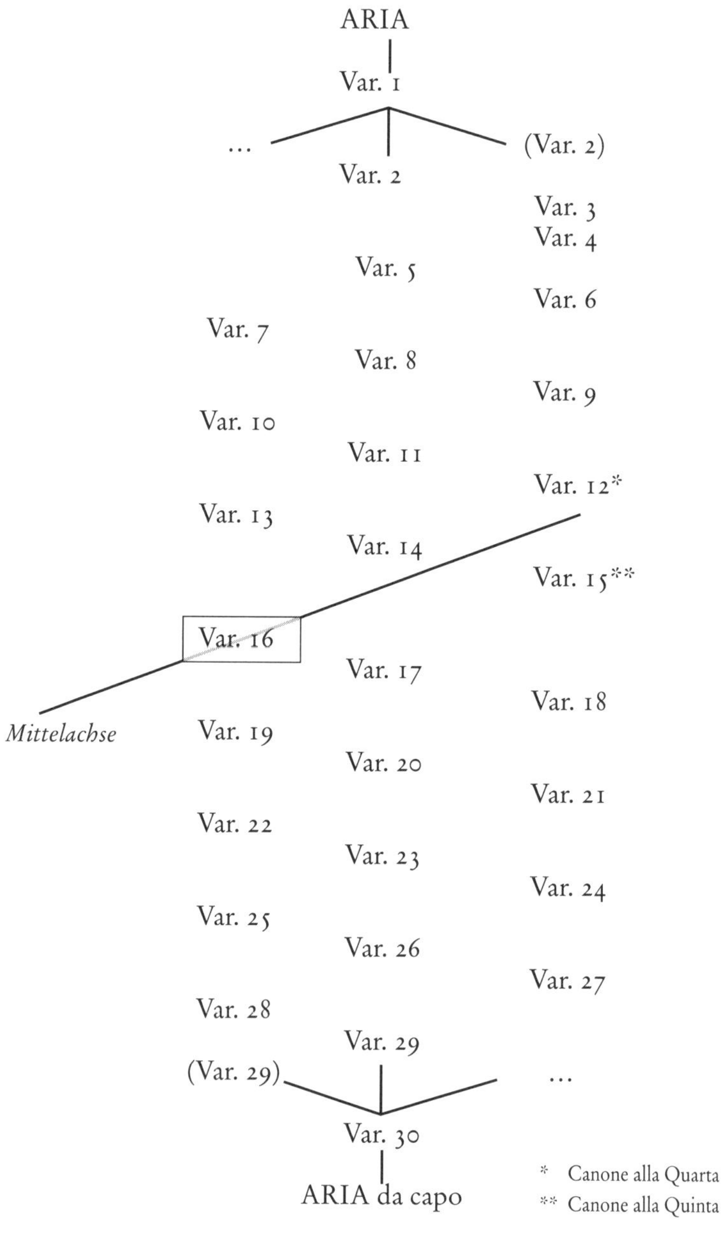


*Die Goldberg-Variationen: Vierzehnteilung*

Prinzip von absteigender und aufsteigender Evolution –, das spiegelt sich hier noch einmal (gewissermaßen als wiederholende Reminiszenz an das Vorangegangene) im Kleinen.

Weitere Besonderheiten, die den Ausnahmerang dieser Variation im Gesamtaufbau bestätigen, ergeben sich, wie wir sogleich sehen werden, aus der Analyse der inneren Zahlenproportionen der *Goldberg-Variationen*.

Dergleichen mag zunächst wie ein theoretisches Spiel mit Subtilitäten erscheinen. Dieser Eindruck drängt sich insbesondere bei einer schriftlichen Darstellung der Sache auf, die zunächst immer abstrakt ist. Wenn man die gemeinten Zusammenhänge voll erleben will, muss man die betreffenden Stücke tatsächlich hören, besser noch: spielen. Bei zunehmender Vertrautheit mit dem Werk werden die verschiedenen Gliederungen zur realen Erfahrung.

## *«Bach-Zahlen» als Hintergrund der Goldberg-Variationen*

Steht man bereits staunend vor dieser fast übermenschlichen musikalisch-arithmetischen Leistung, so steigert sich diese Empfindung noch angesichts der Fakten, die im Folgenden vorgestellt werden sollen. Wir folgen ab jetzt im Wesentlichen wieder van Houten und Kasbergen.

Wie hat Bach die *Goldberg-Variationen* notiert? Es sind insgesamt 32 Stücke, von denen er 31 ausnotiert hat (die *Aria* zum Beschluss wird durch den Vermerk «Aria da capo» verlangt, aber nicht eigens ausgeschrieben). Von diesen 31 stehen 28 in G-Dur und 3 in g-moll. Diese Zahlen ergeben, als Buchstaben interpretiert, B-A-C-H:

28 = B H
3 = C
1 = A

Spielt man wirklich alle *Variationen* mit allen von Bach vorgeschriebenen Wiederholungen, ergibt sich zwischen *Aria* und *Aria da capo* eine Gesamttaktzahl von 1823!

Es gibt einige Variationen, denen Bach in der Urausgabe (Erstdruck; nicht im Straßburger Handexemplar!) besondere Titel gab.[13] Zählen wir deren Taktzahlen zusammen, ergibt sich eine interessante Zahl: Bachs Todesjahr.

| | | | |
|---|---|---|---|
| Variation 10: | *Fughetta* | 32 | |
| Variation 16: | *Ouverture* | 95 | |
| Variation 22: | *Alla breve* | 32 | |
| Variation 30: | *Quod libet* | 16 | |
| | | 175 (0) | = 1750 |

Die drei Moll-Stücke ergeben zusammen eine Taktzahl von 112 = 2·8·7. Der 28.7.1750 war Bachs Todestag.

| | | |
|---|---|---|
| Variation 15 (Andante): | 32 | |
| Variation 21 | 16 | |
| Variation 25 | 64 | |
| | 112 | = 2 · 8 · 7 |

Kombinieren wir diese drei Moll-Variationen mit den vier anderen Stücken, so ergibt sich Folgendes:

| | | | |
|---|---|---|---|
| Fughetta | | 32 | |
| Ouverture | | 95 | 175(0) |
| Alla Breve | | 32 | |
| Quod libet | | 16 | |
| Moll I | (Andante) | 32 | |
| Moll II | | 16 | 112 = 2 · 8 · 7 |
| Moll III | | 64 | |
| | | 287 | = «28. Juli» |

Ein in jeder Hinsicht besonders merkwürdiges Stück ist die 16. Variation, die *Ouverture*, mit der, wie gezeigt, die zweite Hälfte des Zyklus anhebt. Diese Variation hat eine ganz ungewöhnliche Struktur. Diese «Ouverture» («Eröffnung») ist tatsächlich der Schlüssel, der uns vieles eröffnet! Ihre zwei völlig verschieden aufgebauten Teile tragen die Taktangaben ₵ und 3/8. Eigenartigerweise hat Bach den letzten Takt des zweiten Teiles eigens abgetrennt und, völlig unnötig, noch einmal die Angabe ₵ nur für diesen einzigen Takt verwendet. Es entsteht dadurch (mit Berücksichtigung der von Bach vorgeschriebenen Wiederholung der einzelnen Teile) folgende Gliederung:

| ₵ | 3/8 | ₵ |
|---|---|---|
| 31 | 63 | 1 |

Wenn wir die Ouverture in solcher Weise gliedern, ergibt sich eine Kombination von Geburts- und Todesdatum Bachs:

| | Taktart | Taktzahl | | Lebensdaten |
|---|---|---|---|---|
| Fughetta | C | 32 | | 63 = 21 · 3 = «21. März» (32 + 31) |
| | ₵ | 31 | | |
| Ouverture | 3/8 | 63 | = | 21 · 3 = «21. März» |
| | ₵ | 1 | | 112 = 2 · 8 · 7 = «28. Juli» (63 + 1 + 32 + 16) |
| Alla breve | ₵ | 32 | | |
| Quodlibet | C | 16 | | |

Die Gesamttaktzahl der *Ouverture* (95) lässt sich dechiffrieren, das heißt, man kann die Taktzahl als Quersumme einzelner Buchstabenwerte auffassen. Unter diesem Gesichtspunkt stößt man überraschenderweise auf den Begriff «Todesjahr» (T=19, O=14, D=4, E=5, S=18, J=9, A=1, H=8, R=17; Quersumme: 95). Gruppiert man die anderen Stücke um dieses Zentrum, zeigt sich eine auffällige Zahlenstruktur der Taktzahlen:

| | «Rosenkreuzer-Zahlen» | «Bach-Zahlen» |
|---|---|---|
| Aria | 32 | 576 = 32 · 18 |
| Variation 1 – 15 | *544* = Zahlenwert des «Grabspruchs»[14] | |
| Ouverture | *95* = «Todesjahr» | 1056 = 8 · 132 |
| Variation 17 – 30 | *448* = 14·8·4 ≙ «1484»[15] | 480 = 2 · 1 · 3 · 80 |
| Aria da capo | 32 | |

Bezieht man die Taktzahl der *Ouverture* nicht mit ein, so ergibt sich eine Gesamtzahl der Takte aller Variationen und der Aria (zu Beginn *und* zum Beschluss) von 1056 = 8 · 132. Auffällig ist ferner die zahlenmäßige Verklammerung des Begriffs «Todesjahr» (95) mit der Jahreszahl 1484 (448), dem Todesjahr des Christian Rosenkreutz und dem «Grabspruch» (544).

Wir halten hier inne. Angesichts dieser Phänomene stehen unüberhörbar einige Fragen im Raum: Erstens: War Bach sich dieser Zahlenzusammenhänge bewusst? Wenn ja, wie hat er sie in seine Musik hineingeheimnisst? Zweitens: Wie lässt sich das Ganze als unbewusste Tätigkeit erklären? Drittens: Was hat es mit der Beziehung zu Christian Rosenkreutz auf sich?

Diesen Fragen soll im Folgenden nachgegangen werden. Sie münden alle in eine Hauptfrage: Mit was für einer Individualität haben wir es in Johann Sebastian Bach zu tun? Oder, mit dem Titel einer neueren Publikation ausgedrückt:[16] Bach – wer ist das?

# Bach – wer ist das? Chiffren einer Individualität

> «Man muss sich ein Gefühl erwerben
> für die innere zahlenhafte Gliederung
> im Weltenall. [...] Zahlen sind empirisch
> aus dem Weltenall zu gewinnen.»
>
> *Rudolf Steiner*

Unsere bisherigen Betrachtungen zum Thema haben vielleicht zeigen können, dass Johann Sebastian Bach in besonderer Weise, das heißt tiefer als andere Musiker, mit dem objektiven Zahlenkosmos der Welt verbunden war. Ein nur als übermenschlich zu bezeichnendes zahlenarithmetisches Denken durchzieht seine Werke. So ist die erste Frage, die sich angesichts dieses Phänomens erhebt, natürlich folgende: Wusste Bach selbst um diese Strukturen, die er in seinem Werk anwandte? Hat er bestimmte Zahlen *bewusst* als esoterische Chiffre seiner Individualität eingesetzt?

Was die bewusste Anwendung von Zahlengesetzen angeht, sollte man Bachs Fähigkeiten auf diesem Gebiet nicht zu gering einschätzen. Ein deutlicher Beweis für eine bewusste Manipulation, die zu einem vorgefassten (Zahlen-)Ergebnis führen soll, ist Bachs Erweiterung der Choralmelodie «Vor deinen Thron tret ich hiermit» (eigentlich: «Wenn wir in höchsten Nöten sein»). Die ursprüngliche Lesart der Melodie hat 33 Töne, verteilt über vier Choralzeilen (siehe Notenbeispiel S. 46). Bach erweitert nun diese Melodie durch Einfügung von Verzierungsnoten auf 41 Töne.

33 Töne

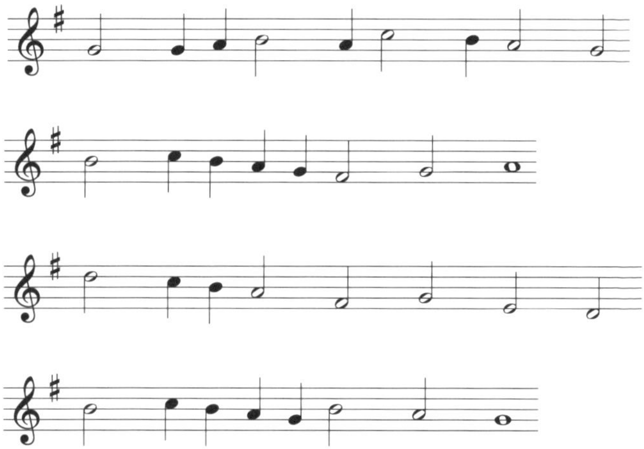

auf 41 Töne erweitert

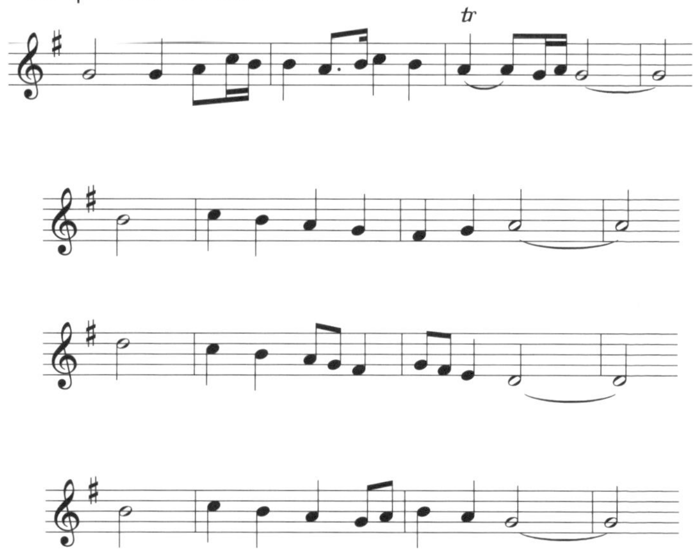


Dabei geht er so vor, dass die erste Choralzeile von ursprünglich 9 Tönen auf 14 Töne erweitert wird, die dritte von 8 auf 10 und die vierte von 8 auf 9 Töne:

<table>
<tr><th></th><th>Anzahl Töne</th><th></th><th>Umstzung in «Buchstabenwerte»</th><th>ursprüngl. Anzahl Töne</th></tr>
<tr><td>1. Zeile</td><td>14</td><td></td><td>BACH</td><td>9</td></tr>
<tr><td>2. Zeile</td><td>8</td><td rowspan="2">} 18</td><td rowspan="2">S</td><td>8</td></tr>
<tr><td>3. Zeile</td><td>10</td><td>8</td></tr>
<tr><td>4. Zeile</td><td>9</td><td></td><td>J</td><td>8</td></tr>
<tr><td>Gesamt</td><td>41</td><td></td><td>J. S. BACH</td><td>33</td></tr>
</table>

Dabei ist die Zahl 41, die hier ganz eindeutig bewusst durch Zahlenmanipulationen zustande gebracht worden ist, nicht nur die Umkehrung der «Bach-Zahl» *14*. Sie ist zugleich das Produkt aus *9* (= *J*), *18* (= *S*) und *14*. Bach hat diesen Choral übrigens im *Orgelbüchlein* (Nr. 43) schon früher einmal durch reiche Kolorierung der Melodie auf *158* Töne (= *JOHANN SEBASTIAN BACH*) erweitert!

Dieser Choral wird von der Überlieferung oft mit der Tatsache in Verbindung gebracht, dass Bach ihn auf dem Sterbebett seinem Schwiegersohn Altnikol in die Feder diktiert haben soll. Nach neueren Forschungen ist das anscheinend nicht mehr haltbar. Dennoch macht es durchaus Sinn, dass Bach sich, ganz am Ende seines Lebens, noch einmal gültig und charakteristisch in zahlensymbolischer Weise als Individualität «verabschiedet» haben könnte.

So darf als gesichert gelten, dass die Einprägung des Namens *BACH* (in allen möglichen Erscheinungsformen) da, wo sie auftritt, eine vom Komponisten bewusst vorgenommene Handlung ist.

Weitaus schwieriger ist die Tatsache zu erklären, dass sich ganz eindeutig Geburts- und Todesdatum des Komponisten sowie die Zahl seiner Lebenstage als Zahlenstrukturen in der Bachschen Musik nachweisen lassen. Dies übersteigt fürs Erste unsere Denkmöglichkeiten und mag darum auch zunächst einmal zu heftigem Widerspruch reizen. Doch gerade diese Ebene bildet einen Schlüssel, der uns erkennen lässt, in welcher Weise Bachs Individualität mit dem objektiven Zahlenkosmos der Welt verbunden war. Rudolf Steiner weist im ersten Priesterkurs darauf hin, dass sich gewisse Zahlen «ja doch einfach empirisch aus dem Weltall» gewinnen ließen; man müsse sich, um diese Empirik durchzuführen, «ein Gefühl erwerben auch für die innere zahlenhafte Gliederung im Weltenall».[17] Nun, Bach muss in eminentestem Maße über dieses «Gefühl», das heißt einen entsprechend organisierten Astralleib, verfügt haben!

Ich möchte daher an diesem Punkt als Arbeitshypothese den Gedanken formulieren, dass im Falle Bachs objektive Zahlengesetzmäßigkeiten des Weltganzen mit persönlich-biografischen in erstaunlicher Weise zusammenfallen. Derartiges – biografische Daten, die zugleich kosmische sind – wird im Allgemeinen nur bei sehr hohen Individualitäten mit einer wichtigen weltgeschichtlichen Mission der Fall sein. Ich möchte diese Hypothese wenigstens mit einem Beispiel untermauern: der kosmischen Einbindung der Zahl *23869*, der Zahl der *Lebenstage* Bachs.

## *Die biografischen Daten Bachs als Ausdruck kosmischer Ordnungen*

Zunächst ist festzustellen, dass das Produkt der Zahlenwerte des *Namens* JOHANN SEBASTIAN BACH (*58 · 86 · 14*) eine sehr ähnliche Zahl ergibt, nämlich *69832*. Die Beziehung dieser Zahlen zueinander lässt sich so verstehen, dass die eine (musikalisch gesprochen) der verschränkte *Umkehrungs-Krebs* (d.h. eine rückläufige horizontale und vertikale Spiegelung) der anderen ist:

23869
69832

Die Zahlen *6* und *9* müssen dabei selbst als Umkehrungsformen voneinander gelesen werden. Das astronomische Tierkreissymbol des Krebses (Rückläufigwerden des Sonnengangs) besteht übrigens aus eben diesen (Zahlen-)Formen: ♋.

Die Zahl *23869* (Anzahl der *Lebenstage*) ließe sich also auch als Kombination von «BACH» (238 · 1) und dem Tierkreissymbol des Krebses (*6 9* = ♋) deuten. Die Zahl *69832* müsste dann als konsequente *Umkehrung* dieses Sachverhalts gelesen werden. Die dahinterstehende Chiffre wird sichtbar, wenn man die Geburt als Eintritt der ewigen Individualität (deren Ausdruck der *Name* ist) ins stofflich-räumliche Dasein, den Tod als Eintritt ins geistige Weltendasein sieht. Die geistigen Kräfte, die in die Verräumlichung und Verstofflichung (Materialismus) führen, wurden von alters her in der Tierkreissphäre des Krebses erlebt, ihr Gegenpol (Entstofflichung, Vergeistigung, Spiritualismus) im Bereich des Steinbocks. So ließe sich die «doppelsinnige» Zahl folgendermaßen deuten:

*2 3 8 6 9* (Anzahl der *Lebenstage*) als Zahl der *Geburt* ins Zeitlich-Räumliche (kosmische Wirkenssphäre: ♋).

*6 9 8 3 2* (Produkt des *Namens* der Individualität) als Zahl des Todes, des Wiedereintretens der Individualität in die Ewigkeit (kosmische Wirkenssphäre: ♑).

Die Sphäre des Steinbocks wird hier aufgefasst als «Umkehrung», das heißt als die konträr wirksame zu der des Krebses.[18]

Die Einbettung dieser «persönlichen» Lebensspanne und der Namenssignatur in kosmische Ordnungen ergibt sich des Weiteren aus Folgendem: Das kleinste mögliche Produkt der Zahlenfaktoren der Lebenstage Bachs (*2 · 3 · 8 · 6 · 9*) beziehungsweise seiner Namenszahlenwerte (*6 · 9 · 8 · 3 · 2*) ist die Zahl *2592*. Diese Zahl ist einerseits die größte «Bach-Zahl», die sich ausschließlich aus den vier Zahlen *2, 1, 3* und *8* bilden lässt (*2592* = *81 · 32*); andererseits ist sie, ins Kosmische übertragen, die Spanne eines platonischen Weltenjahres: *25920* Jahre.

Wir müssen uns hier versagen, das Auftreten dieser Zahlenstrukturen im Gesamtwerk Bachs (dort vor allem in den *zweistimmigen Inventionen und dreistimmigen Sinfonien*) zu verfolgen. Hier sollte nur gezeigt werden, auf welche Weise die Individualität Bachs durch ihre Lebensdaten mit großen kosmischen Gesetzen verwoben ist. Bei der Betrachtung der großen, unvollendeten Quadrupelfuge (*Contrapunctus XIV*) aus der *Kunst der Fuge* werden wir auf diese bedeutsamen Zusammenhänge zurückkommen.

## *Das rationale Denken als Metamorphose alter Hellsichtigkeit*

Kommen wir nun zur zentralen Frage. Die Fähigkeit des abstrakten arithmetischen Denkens, die sich bei Bach in übermenschlicher Dimension ausprägt, lässt sich menschheitlich zurückverfolgen bis in die sumerische Zeit. Rudolf Steiner gibt in seinen Vorträgen über das *Matthäus-Evangelium*[19] und in *Die tieferen Geheimnisse des Menschheitswerdens im Lichte der Evangelien*[20] einen Überblick, wie sich die alte kosmische Hellsichtigkeit der atlantischen Menschheit langsam verliert und schließlich zur Fähigkeit des Gehirndenkens und des quantitativen Erfassens der Außenwelt nach Maß, Zahl und Gewicht wird.

Als derjenige, der welthistorisch die Mission hatte, die Fähigkeit des abstrakten arithmetischen Denkens bis in das Medium eines physisch vererbbaren Organs einzuprägen, erscheint der Geistesforschung Steiners die Individualität des *Abraham*. Rudolf Steiner bezeichnet ihn als den «großen Ordner der Welterscheinungen nach Maß und Zahl, der da auserwählt wurde aus der gesamten Menschheit». Abraham ist derjenige, der – aus der noch auf alten hellseherischen Fähigkeiten beruhenden sumerisch-babylonischen Kultur hervorgehend – zum ersten Mal den Blick auf die äußeren Erscheinungen richtet und deren Gesetze und Zusammenhänge durch «Kombinieren und logisches Abwägen» erkennt. Hatten die Chaldäer ihre grandiose Astronomie noch weitgehend aus dem Hellsehen heraus betrieben, so war Abraham aufgrund seiner neuen Fähigkeiten imstande, durch «menschliche Kombination» die Ordnung der Sterne zu finden. Dieses Signum des zahlenmäßigen Erfassens der Welt wird bis in die physische Generationenfolge hinein sichtbar: Abrahams Nachkommen sollen «angeordnet sein nach der Ordnung, nach der Zahl der Sterne». Das heißt, ihre Ordnung soll «so gegliedert sein, dass in ihr ein Nachbild ist der Sterne am Himmel». Die zwölf Söhne des Jakob und die zwölf Stämme Israels sind Ausdruck und Abbild dieser kosmischen Ordnung, die nun in der irdischen

Generationenreihe wirksam ist. Diese Generationenreihe soll dann, nach dreimal *14* (= 42) Generationen, den Leib und die Blutsmischung hervorbringen, in denen zuerst die Individualität des Zarathustra und schließlich das kosmische Sonnenwesen selbst wohnen konnte. Dazu bedurfte es aber auch der blutsmäßig vererbbaren Fähigkeit der (gedanklichen) Gotteserkenntnis als *Innen-Erlebnis*. Diese wurde Abraham in einer Einweihung durch *Melchisedek*, den «großen Eingeweihten des Sonnenmysteriums», zuteil, der sozusagen als Geburtshelfer fungierte. – Diese Zusammenhänge können hier nur kurz angedeutet werden.

Es sind also die umgewandelten Hellsichtigkeitskräfte, die in diesem gehirngebundenen, logisch-kombinatorisch-arithmetischen Denken wirksam sind und die sich nun ganz und gar an den physischen Leib binden. Hier gibt es einen Zusammenhang, der für unser Thema, das ja ein musikalisches ist, wichtig ist. Rudolf Steiner weist auch darauf hin, dass diese kosmische Ordnung Ausdruck und Resultat der *Sphärenharmonie* ist, deren Wahrnehmung der alten Hellsichtigkeit noch möglich war.[21] Man kann daher dieses neue, die kosmische Ordnung im Innern abbildende Denken als einen «schwachen Abglanz von dem gewaltigen kosmischen Leben, von Sphärenklang und Lebensäther» charakterisieren, als eine innere kosmisch-musikalische Ordnung, die heute im *Innenleben* des Menschen «in sich abgeschlossen» vorhanden ist. Diese *Sphärenharmonie* prägt sich uns außerdem nachts während des Schlafes immer neu in unseren Astralleib ein, der dann über das Sonnensystem ausgebreitet ist.

Diese Zusammenhänge waren im Mittelalter noch Allgemeingut. Nur so lässt sich verstehen, warum die Musik (als *musica theoretica*) zusammen mit der Arithmetik, Geometrie und Astronomie unter den sieben artes liberales dem *Quadrivium* zugeordnet war: jenen Fähigkeiten also, die auf dem zur Innenerkenntnis umgewandelten Hellsehen beruhten.[22]

Nun steht bekanntlich heute gerade jenes Denken, das die Welt nach Maß, Zahl und Gewicht klassifiziert, im Zeichen des Materialismus (kosmischer Inspirationsort: Krebsregion) und der Gesetze des Irdisch-Räumlichen. Seine «musikalische Komponente», das Bewusstsein des Im-Einklang-Stehens mit der kosmischen Weltordnung, hat sich so gut wie völlig verflüchtigt. Angesichts der verheerenden Auswirkungen dieses einseitig gewordenen, konsequent quantitativ wertenden Denkens auf unser gesamtes Leben und unsere Umwelt, die bereits zu gewaltigen Weltkatastrophen geführt haben und noch führen werden, stellt sich die Frage, ob und wie dieses Denken wieder spiritualisiert – man könnte auch sagen: *musikalisiert* – werden kann.

Die Individualität Johann Sebastian Bachs scheint mir in diesem Zusammenhang eine bedeutsame Rolle zu spielen. Unsere Beispiele haben vielleicht zeigen können, wie in der Bachschen Musik ständig Zahlenmäßig-Quantitatives in Musikalisch-Qualitatives übergeht. Diese, das arithmetisch-logische Element immerfort ins Rein-Musikalische auflösende (erlösende) Wirkung teilt sich dem Hörer und Spieler unmittelbar mit. Immer wieder wird da einerseits die Erfahrung der zwingenden, logischen Faktur der Bachschen Musik, ihrer frappierenden «Schlüssigkeit» und ehernen Konsequenz auf allen Materialebenen, ihrer handwerklich vollendeten Gestalt geschildert; und immer wieder folgt das Erstaunen über die «zwanglos» wirkende Schönheit und Natürlichkeit, die auf diesem streng geordneten Hintergrund erblüht.

Darin scheint sich mir bereits etwas anzukündigen, was Rudolf Steiner einmal als die «Wiedererneuerung des abrahamitischen Zeitalters» unter anderen Vorzeichen bezeichnet hat.[23] Die von Abraham inaugurierten intellektuellen Fähigkeiten – als Metamorphose der alten Hellsichtigkeit – sind an ein Ende gekommen. Dies gilt auch (und daran macht Steiner seine Darlegungen fest) für das *«Gottesbewusstsein»*, die denkend-abstrakte Gotteserkenntnis. Auch sie wurde von Abraham (infolge der Einweihung durch Melchisedek) begründet. In der neueren materialistischen Theologie (Stichwort: Jesus, der schlichte Mann aus Nazareth), doch auch schon im Protestantismus der Bach-Zeit erscheint dieses Ende überdeutlich.

Heute aber hat, so Rudolf Steiner, ein Weg begonnen,

der «die Menschheit wiederum hinausführt aus dem bloß physisch-sinnlichen Anschauen, aus dem Kombinieren der physisch-sinnlichen Merkmale ... Wir gehen den Weg, der die Menschen wieder eintreten lassen wird in Zustände natürlichen Hellsehens, natürlich-hellseherischer Kräfte».[24] Im Falle Bachs heißt das: Das mathematisch-arithmetische Denken wird wieder *musikalisiert* und für die kosmischen Gesetze der Sphärenharmonie erlebbar transparent. Und das Erleben einer so beschaffenen Musik entbindet wiederum moralisch-religiöse Kräfte in den Seelen der Hörer.

Eine bedeutsame Umkehrung wird sichtbar: Führte das alte abrahamitische Zeitalter vom Schauen zur Innenschau (reflektives Denken), so setzt die Entwicklung jetzt am anderen Pol an. Denn nicht aus einer bloßen Rückgewinnung der Weisheitssphäre wird das neue Hellsehen entstehen, sondern aus dem *Willenspol*, den religiös-moralischen Kräften, wird es aufbrechen.[25] Die Musik als die «Willenskunst» (Schopenhauer) schlechthin hat dabei eine wichtige Mission zu erfüllen.

## *Die Kulturmission Johann Sebastian Bachs*

Etwas von der Verwandlung der alten Kräfte in dieses «neue Hellsehen» kündigt sich in der Musik und der Arbeitsweise Bachs bereits an. Es gibt bei Bach manches, was wie eine Umkehrung der alten abrahamitischen Mission erscheint.

Zunächst muten Bachs Lebensdaten wie eine Spiegelung der des Patriarchen an, dessen Lebenszeit, nach neueren Forschungen, in die ersten Jahrhunderte des 2. Jahrtausends v.Chr. (ca. 1700) fällt. Und so, wie Abraham der *Begründer* einer «Dynastie» mit dem Auftrag der Ausprägung physisch-blutsmäßiger Eigenschaften ist, erscheint Bach am *Ende* einer langen Reihe von Musiker-Ahnen als Träger physisch-vererbter Fähigkeiten. Nur zwei Generationen später erlischt der physisch-blutsmäßige Vererbungsstrom der Bachschen Familienmusikalität. Doch die *geistige* Vererbungslinie, die durch

Bach initiiert wurde, beginnt sich dann erst (ab etwa 1829, dem Zeitpunkt der Wiederaufführung der *Matthäus-Passion* durch Mendelssohn) richtig zu entfalten. Man wird sich dessen erst recht bewusst, wenn man einmal versucht, sich die Musikgeschichte und ihren mutmaßlichen Verlauf *ohne* die Erscheinung Johann Sebastian Bachs vorzustellen. Die geistige Impulskraft dieser Individualität überragt die ähnlicher Größen früherer Phasen der Musikgeschichte (Dufay, Josquin, Monteverdi) beträchtlich, vor allem hinsichtlich ihrer «Langzeitwirkung». Bach ist einerseits Vollender der «alten Musik», Gipfel und Vereiniger aller musikalischen Traditionen und Techniken seit Beginn der Mehrstimmigkeit; gleichzeitig jedoch ist er Ausgangspunkt und «Stammvater» einer Musikentwicklung, die geradlinig ins 20. Jahrhundert führt. Seine «Aktualität» wächst mit zunehmendem historischem Abstand.[26] Ja, man könnte die abendländische Musikgeschichte geradezu in eine «Zeit vor Bach» und eine «nach Bach» gliedern!

Fasst man überdies den Gesichtspunkt der *«Gotteserkenntnis»* ins Auge, so wird deutlich, dass sich in der Kirchenmusik Bachs so etwas wie eine *Erlösung* der protestantischen, intellektuell geprägten Theologie und Predigtkultur vollzieht. Die Prägung Bachs durch die protestantische Tradition wird immer wieder hervorgehoben. Bachs Kunst gilt in gewissem Sinne als die höchste Ausprägung der protestantischen (lutherischen) Kirchenmusik. Dabei wird aber übersehen, dass Bachs Verdienst ja gerade in der Überwindung und Entgrenzung jener Tradition besteht. Betrachtet man nicht die Textwahl der Kirchen-Kantaten und Oratorien Bachs – sie sind den herrschenden Zeitströmungen des Pietismus und des Rationalismus stark verhaftet –, sondern die *musikalische Gestaltung* und Exegetik dieser Texte, so wird deutlich, dass hier Tiefen ausgelotet, besser: Weiten erschlossen werden, die die beschränkten, oftmals kläglichen Dimensionen der Textvorlagen immer wieder transzendieren. Die Musik Bachs hat ein neues Evangelienverständnis erschlossen, zu dem die protestantische Theologie und Predigtkultur aus sich heraus nicht fähig gewesen wäre.[27] Ein gutes Beispiel dafür ist der Eingangschor der *Johannes-Passion*, «Herr, unser

Herrscher, dessen Ruhm in allen Landen herrlich ist». Da wird der vergleichsweise schlichte Text durch die Musik zu einer dramatischen Beschwörung. Wer diesen Chor gehört hat, wird die Worte nie wieder vergessen!

Dies sagt etwas über Bachs «Gotteserkenntnis», seine Religiosität aus. Ganz sicher ist sie nicht identisch mit dem lutherisch-pietistischen Rahmen, in den sie eingebettet war. Die religiös-musikalische Wirkung Bachs hat sich denn auch längst als überkonfessionell, interkulturell und zeitlos erwiesen. Bach fügte sich, wie immer in seinem Leben, auch in diesem Punkt dem Rahmen ein, in den er vom Schicksal gestellt war. Doch sein Verhältnis zur Gottheit war ein geradezu archaisches, direktes und – trotz seiner umfangreichen theologischen Bildung – vertrauensvoll-naives. Auch dies, inbesondere aber die Eigenschaft der opferbereiten «Gottestreue», die schicksalsergebene Tragekraft, ist ein durchaus «abrahamitischer» Zug. Man kennt Aussagen Bachs, die eindeutig darauf hinweisen, dass er sein gesamtes Musizieren als von Gott empfangen («geringes Talent ...») erlebte und die Notwendigkeit empfand, sie wieder hinzuopfern.

Man sollte diese Tatsachen im Lichte der Äußerung Steiners werten, dass im «neuen» abrahamitischen Zeitalter das «Gottesbewusstsein wiederum aus dem Gehirn» – das heißt: dem leibgebundenen, abstrahierenden Bewusstsein – «herausgeführt [werden wird] ... Genau so, wie der Geist des Moses geherrscht hat im abgelaufenen Zeitalter bis zu uns,[28] so beginnt nunmehr der Geist des Abraham zu walten, um gleichsam, nachdem er damals die Menschheit hereingeführt hat in ein Gottesbewusstsein innerhalb der sinnlichen Welt, die Menschheit aus demselben nun wiederum herauszuführen ... Was Abraham sozusagen der Menschheit heruntergebracht hat in das physische Bewusstsein herein, das wird er für sie wiederum hinauftragen in die geistige Welt hinein.»[29]

Dieser Tatsache wird die Möglichkeit entspringen, den ätherischen Christus wahrzunehmen. Hiermit werden ganz neue religiöse Erfahrungen möglich werden; aus der direkten Schau geborene «geistige Beweise des Christus Jesus» (Rudolf Steiner) werden der historisch-kritischen, an die Auswertung physischer Dokumente und Tatsachen gebundenen Christus-Erkenntnis den Rang streitig machen. Eine *Theologie der unmittelbaren Christus-Erfahrung* wird entstehen. Etwas davon ist in der Bachschen Musik schon wahrnehmbar. Es spricht aus ihr eine unmittelbare, nicht-intellektuelle Gotteserfahrung, ein neues, intuitives Evangelienverständnis.

So spiegelt sich in der umgekehrten Wiederholung des abrahamitischen Zeitalters das allgemeine Gesetz der Erden-Entwicklung wider: die Verwandlung der Kräfte der ersten, absteigenden, plastischen Evolutionsphase in die der zweiten, aufsteigenden, musikalischen (Symbol: ♋).[30] Oder anders ausgedrückt: der Weg der Wiedervergeistigung der Materie. Damit ist zugleich ein zentrales Motiv des Rosenkreuzertums angeklungen.

# Rosenkreuzerische Motive im Schaffen Bachs?

Wir erinnern: Es gibt auf dem Gebiet der Zahlenesoterik im Werke Bachs einen Bereich, in dem ganz deutlich eine Verschränkung der persönlichen Lebensdaten des Komponisten mit denen des Christian Rosenkreutz (1378–1484) nachweisbar ist.

Es ist hier nicht möglich, Wesen und Geschichte des Rosenkreuzertums ausführlich zu behandeln. Esoterisch gesehen handelt es sich um eine religiöse Bewegung, die eine Vertiefung und Weiterführung der protestantischen Reformation anstrebt. Nicht umsonst intendiert die berühmte Rosenkreuzerschrift *Confessio Fraternitatis*, die erstmalig als Appendix zur Schrift *Allgemeine und Generalreformation der ganzen weiten Welt* des Italieners T. Boccalini veröffentlicht wurde, eine *Reformatio generalis* der Theologie, Künste und Wissenschaften, die auf hermetischen Prinzipien basiert und sich gegen die herkömmliche «aristotelische» Wissenschaft absetzt. Insgesamt ließe sich das Rosenkreuzertum, wie es damals ans Licht trat, als «moralische Erneuerungsbewegung» der gesamten Kultur charakterisieren.

Eine wichtige Rolle im rosenkreuzerischen Erkenntnisweg spielt die Alchemie: Die Kontemplation der Verwandlungsprozesse, die die Substanzen im Labor durchmachen, führt zur Fähigkeit, auch seelische und geistige Metamorphosen wahrzunehmen und zu initiieren. Man kann durchaus sagen, dass der Impuls zur «Verwandlung der Materie», wie er in der Alchemie zum Ausdruck kommt, das zentrale Motiv des Rosenkreuzertums ist. Denn in den physikalisch-chemischen Verwandlungsvorgängen im Labor wird im Kleinen das nachgebildet, was Christi Verwandlungstat auf Golgatha für das Weltganze bedeutete.

Das Erscheinen der sogenannten «rosenkreuzerischen Manifeste» (*Fama* und *Confessio Fraternitatis*, *Die Chymische Hochzeit des Christian Rosencreutz*) ab 1614, d.h. die exoterische Bekanntgabe bisher in verborgenen Zirkeln gepflegten Gedankengutes, löste ungeheure Erregung und vielerlei Reaktionen unter den Gelehrten Europas aus. Allein in den ersten Jahren nach Erscheinen der *Chymischen Hochzeit* und der *Fama Fraternitatis* erschienen bis 1622 gut zweihundert anonyme Antwortschriften! Die Wirren des Dreißigjährigen Krieges führten dazu, dass die einsetzenden Wirkungen jedoch bald untergingen. Dennoch blieb rosenkreuzerisches Gedankengut bis in die heutige Zeit hinein immer wirksam, auch außerhalb der im engeren Sinne protestantischen Kreise. Bei vielen berühmten Künstlern, Forschern und Denkern lassen sich dessen Einflüsse nachweisen, so zum Beispiel bei Giordano Bruno, Johann Amos Comenius oder Angelus Silesius.

Rudolf Steiner hat mehrfach über die esoterische Seite des Rosenkreuzertums gesprochen. Der mysteriöse Gründer des «Ordens» der Rosenkreuzer wird von ihm als einer der größten Eingeweihten des esoterischen Christentums geschildert.[31]

Ob Bach die Rosenkreuzer-Schriften vom Anfang des 17. Jahrhunderts (*Fama* und *Confessio Fraternitatis*) kannte, wissen wir nicht. In seiner theologischen Bibliothek fand sich nichts dergleichen. Eine weitere Frage wäre, ob es in seiner Umgebung vielleicht Menschen gab, die dem Rosenkreuzertum nahestanden. Hier ergeben sich gewisse Anhaltspunkte, wenn man sich klarmacht, dass die *Goldberg-Variationen*, denen eindeutig das Wissen um das Evolutionsgeheimnis der absteigenden und aufsteigenden Hälfte zugrunde liegt, dem Grafen Keyserlingk gewidmet waren. Zwei Schlussfolgerungen bieten sich hier an. Erstens: Der Graf sollte den unbewussten Wirkungen der Proportions- und Zahlengeheimnisse des Stückes ausgesetzt werden, einer rein therapeutischen Wirkung also. Oder zweitens: Er war als gelehrter Kenner derartiger Gesetzmäßigkeiten imstande, das offenbare Geheimnis des Stückes zu erkennen. Ich bin nicht in der Lage, aus dem mir vorliegenden Material zu entscheiden, ob Graf Keyserlingk dem Rosenkreuzertum nahestand. Seine Biografie, die in der Kaußlerschen Monografie über die *Goldberg-Variationen* detailliert wiedergegeben ist und auf die hier nur hingewiesen werden kann, ließe eine solche Vermutung jedoch durchaus zu.

Eine andere Figur im Umkreis Bachs ist der gelehrte Lorenz Christoph Mizler, Schüler Bachs, Universitätslektor für Mathematik, Musik und Philosophie, dessen *Correspondierender Societät der musicalischen Wissenschaften* Bach im Jahre 1747 mit seinem Probestück, den *Canonischen Veränderungen über das Weihnachtslied: Vom Himmel hoch* (BWV 769) und einem sechsstimmigen Rätselkanon (über die ersten acht Bass-Töne der *Goldberg-Variationen*) als vierzehntes (!) Mitglied beitrat.[32] Die Orgelvariationen zeigen, dass man in dieser Societät in Sachen Zahlenkabbalistik Bescheid wusste. Dass Bach ausgerechnet das Lied *Vom Himmel hoch* als Einstandsgabe gewählt hat (auch hier sind einige Kanons erst zu entschlüsseln, die Lösung ist nur angedeutet), ist beziehungsreich. Denn das Lied handelt ja von der zentralen Tatsache der Erdenevolution, der Menschwerdung des Gottessohns – ein Motiv, das, wie wir sahen, auch in den Goldberg-Variationen auftritt.

Ein anderer Weg kann vielleicht weiter führen als die Frage nach mutmaßlichen «Kontaktpersonen» Bachs: die Aussage der Zahlen selbst. Die Art der Beziehung Bachs zu Christian Rosenkreutz lässt sich daran erkennen, dass Bach in den allermeisten Fällen (nämlich immer dann, wenn nicht der Name des Christian Rosenkreutz als solcher allein vorkommt[33]) nicht irgendwelche beliebigen Zahlen mit denen dieses Eingeweihten kombiniert hat, sondern seine *Lebensdaten*. Am Beispiel der Goldberg-Variationen haben wir gesehen, dass dort einerseits (Takt-)Zahlen-Proportionen walten, die die Begriffe «Todesjahr» (Zahlenwert 95), den sogenannten «Grabspruch» (544) und das Todesjahr des Christian Rosenkreutz «1484» mit der in dreifacher Weise auftretenden Bach-Zahl 2 1 3 8 verbinden. Ähnliches zeigt sich in der Gesamt-Taktstruktur der *Kunst der Fuge*.

Die ersten *vier* Stücke dieses Werks (Contrapunctus I bis IV) haben zusammen 372 Takte, die vier *Canones*, die nach neueren Forschungen ganz eindeutig am Schluss stehen, haben ebenfalls

372 Takte. Das Jahr 372 nach der Geburt des Christian Rosenkreutz, ist, nach der herkömmlichen Zählung, das Jahr 1750 – Bachs Todesjahr … Bezieht man die dazwischenliegenden Stücke, also Contrapunctus V bis XIV, in die Zählung mit ein, so umfassen sie genau 1378 Takte. Das Jahr 1378 ist das Geburtsjahr des Christian Rosenkreutz. Bei dieser Berechnung gehe ich davon aus, dass der unvollendete Contrapunctus XIV von Bach auf eine Gesamtlänge von 272 Takten angelegt war. Wir werden diese Hypothese sogleich näher begründen.[34]

Außerdem ergeben alle vierzehn Fugen zusammen ebenfalls eine Taktzahl von 1750. Auch hier ist der Name Bach als Chiffre der Individualität sowohl musikalisch-thematisch (das berühmte B-A-C-H-Thema) wie als Zahlenstruktur in vielfältiger Weise in diese Figur hineinverflochten:

| | | Takte | | | |
|---|---|---|---|---|---|
| Contrapunctus | I | 78 | } 372 ≙ 1750 (I–IV) | | } 1750 (I–XIV) |
| | II | 84 | | | |
| | III | 72 | | | |
| | IV | 138 | | | |
| | V | 90 | | } 1378 (V–XIV) | |
| | VI | 79 | | | |
| | VII | 61 | | | |
| | VIII | 188 | | | |
| | IX | 130 | | | |
| | X | 120 | | | |
| | XI | 184 | | | |
| | XIIa | 56 | | | |
| | b | 56 | | | |
| | XIIa | 71 | | | |
| | b | 71 | | | |
| | XIV | 239 + 33 | | | |
| Canon alla Ottava | | 103 | } 372 ≙ 1750 | | |
| Canon alla Decima | | 82 | | | |
| Canon alla Duodecima | | 78 | | | |
| Canon per Augmentationem | | 109 | | | |

Deutlich ist ferner die Tatsache, dass auch hier die Zahl 14 eine Hauptrolle spielt (14 Fugen) und dass *Vierergruppen* (vier Kanons, die vier «einfachen» Contrapunkte I bis IV, die vier Doppelfugen VIII bis XI) und *Dreiergruppen* (die entwickelnden Fugen V bis VII und die komplizierteren Spiegelfugen XII a/b und XIII a/b nebst der unvollendeten Quadrupelfuge XIV) die Struktur bestimmen – ganz ähnlich wie in den *Goldberg-Variationen*.

Diese Verflechtungen der Lebensdaten lassen eigentlich nur einen Schluss zu: Bach empfindet sein Leben zwischen Geburt und Tod als unter dem Impuls des Christian Rosenkreutz stehend und bekräftigt dies durch musikalische Strukturen in seinen Werken. Der sogenannte «Grabspruch» des Christian Rosenkreutz hat in diesem Zusammenhang auch eine Bedeutung für Bachs eigene Mission. Denn seine Aussage *«Diese Zusammenfassung des Universums habe ich während meines Lebens zum Grab gemacht»* (Hoc Universi Compendium Vivus Mihi Sepulchrum Feci) hat auch Gültigkeit für Leben und Werk Bachs selbst: Wir sahen, wie kosmische Strukturen in das intellektuelle «Grab» des leibgebundenen arithmetischen Denkens hinein «gestorben» sind. Mit dieser «begrabenen» kosmischen Zahlenweisheit, die tatsächlich ein Kompendium des Universums darstellt, hat Bach Musik gemacht. Dies bedeutet aber ein Wieder-zum-Leben-Erwecken dieser erstorbenen kosmischen Weisheit, eine *Öffnung des Grabes*.

Die «Öffnung des Grabes» von Christian Rosenkreutz fand, der *Fama Fraternitatis* zufolge, 120 Jahre nach dessen Tode im Jahre 1604 durch den Bruder «Nomen Nescio» statt. Das bedeutete, dass ab diesem Zeitpunkt rosenkreuzerische Weisheit in exoterischer Form in die Welt einfließen sollte. Und es ließe sich folgern, dass Ähnliches (eine entsprechende «Graböffnung») auch mit dem Werk Bachs vorliegt – dann nämlich, wenn das Werk als rosenkreuzerische Substanz wahrgenommen wird, die aus der Intention der Wiedervergeistigung der Materie hervorgegangen ist. «Materie» hat im Musikalischen zweierlei Bedeutung: einerseits als Kompositionsstoff, der durch Technik und Können gemeistert werden muss («Material»). Auf diesem Gebiet war Bach absoluter Meister; man darf wohl sagen, dass es technisch für ihn keine unlösbaren Probleme mehr gab. «Materie» ist aber auch der Gegenstand (Inhalt) der Musik, der bekanntlich kein stofflich-räumlicher ist.[35] So ist die Musik ein bereits halbgeistiges Medium, auf der Grenze zwischen Stoff- und Geist-Welt. Es bedarf im Musikalischen weniger Anstrengung als bei den materielleren Künsten, um ins Geistige hineinzukommen.[36]

Wenn Rudolf Steiner die gesamte zweite Hälfte der Erdenevolution, deren Aufgabe es ist, das Materiell-Gewordene wieder zu vergeistigen, als in der Grundstimmung musikalisch bezeichnet,[37] lässt sich die tiefere Mission der musikalischen Kunst, der Kunst des beständigen Verwandelns, im rosenkreuzerischen Sinne verstehen. Und man kann vielleicht ahnen, warum eine Individualität, die im Sinne der umgekehrten Abraham-Mission wirken will, sich möglicherweise zunächst als Musiker inkarniert, um diesem Ziel zu dienen.

## *Die «Kunst der Fuge» – ein rosenkreuzerisches Werk?*

Stellen wir abschließend unsere Frage, ob die zahlenkabbalistischen Strukturen von Bach seinen Werken bewusst eingeprägt oder unbewusst geschaffen worden sind, aufs Neue.

Deutlich ist, dass die bewusste Ordnung von Takt- und Notengruppen nach bestimmten Gesetzen einem Komponisten, der über eine so hohe Meisterschaft in der Beherrschung seines Materials verfügt, wohl kaum Probleme bereitet haben dürfte. Ähnliches, die phänomenale Überschau über die Gesamtgestalt einer Komposition betreffend, ist uns auch von Mozart überliefert. Zahlenesoterische Strukturen können also auf einer bewussten Anwendung beruhen. Allerdings muss die geistig-seelische Konstitution solcher Menschen eine überaus große Durchlässigkeit für das Zahlenwesen des Kosmos aufweisen. Dieses Organ funktioniert (wie andere Organe auch) durchaus unbewusst – Komponisten wie Bach und Mozart «verwenden» es einfach, ohne darüber zu reflektieren. Das erklärt vielleicht, warum sich im Nachlass Bachs keinerlei Berechnungen oder Aufzeichnungen zu Zahlenstrukturen auffinden ließen.

Die Beziehung zum rosenkreuzerischen Impuls schließlich, unter dessen Signatur viele (auch frühe) Kompositionen Bachs stehen, mag zunächst hypothetisch anmuten, umso mehr, als bis jetzt keinerlei persönliche Verbindungen des Meisters zu rosenkreuzerischen Kreisen nachgewiesen werden konnten. Dabei ist allerdings zu bedenken, dass es im Lutheranismus verborgene Unterströmungen gab, die eindeutig in Verbindung mit dem Rosenkreuzerstrom standen (Jakob Böhme, Joh. Valentin Andreae usw.). Warum sollte Bach, theologisch-humanistisch gebildet, wie er war, kein Wissen um diese Strömungen besessen haben?

Es gibt auf jeden Fall zwei Phänomene, die auf ein Bekenntnis Bachs zum rosenkreuzerischen Impuls schließen lassen. Das eine ist die *Art* der christlichen Zahlenkabbalistik an sich, die Bach verwendet: Derartiges findet sich in solcher Häufung in der damaligen Zeit nur bei den Rosenkreuzern. Die im musikalischen Gesamtwerk auftretenden Zahlen, die auf Christian Rosenkreutz direkt verweisen (sowohl dessen Lebensdaten als auch die Bachs selbst in Rosenkreuzer-Zählung), müssen so lange als von Bach bewusst gesetzte Strukturen gelten, bis sich andere plausible Entschlüsselungen dieser Werte nachweisen lassen, die auf andere Bezüge hindeuten.

Ein wahrhaft frappierendes Kennzeichen rosenkreuzerischer Esoterik bildet jedoch das Phänomen der *unvollendeten Quadrupelfuge* (*Contrapunctus XIV*) der *Kunst der Fuge*. Wir sahen bereits, dass sich Bach in dieser vierzehnten (!) Fuge in ganz besonderer Weise verewigt hat: In ihr tritt sein Name als musikalisches *Thema* auf (B-A-C-H). Dies ist, in dieser Form, einzigartig im gesamten Oeuvre! Diese Fuge will offenbar etwas Besonderes aussagen.

Nun haben die Forschungen von Gregory Butler[38] eindeutig ergeben, dass der Drucker des Originaldrucks[39] für dieses

Werk ursprünglich sechs Seiten für die Fuge vorgesehen haben muss. In der endgültigen Druckfassung, die Bach nicht mehr bis zum Ende mitbetreuen konnte und deren Erscheinen er nicht mehr erlebte, wurden dann diese Seiten durch Vorziehen der *Vier Kanons* und einer kürzeren Variante von *Contrapunctus X* unter Änderung der ursprünglichen Paginierung (die Platten dieser Stücke waren bereits gestochen gewesen) aufgefüllt. Der Drucker hatte ursprünglich also eindeutig mit einer Länge von maximal sechs Seiten für *Contrapunctus XIV* kalkuliert. Warum Bach die Fuge nicht, auch nicht teilweise, abgeliefert hat, wissen wir nicht. Wir kennen aber Bachs Original-Handschrift dieses Stücks. Sie ist auf zwei Systemen notiert und nimmt vier Blätter in Beschlag. Auf einem fünften Blatt hat Bach sodann noch zwölfeinhalb weitere Takte notiert, dann bricht die Niederschrift unvermittelt ab. Viel weiter hätte das Notat auch gar nicht reichen können, da dieses Blatt ab dem zehnten System unbrauchbare Notenlinien aufweist, die nicht mehr zur Notierung von Noten brauchbar waren (siehe Faksimile-Abbildung, S. 65). So muss eindeutig gefolgert werden, dass Bach dieses Blatt nur deswegen benutzt hat, weil er gar nicht vorhatte, die Fuge weiter als bis zu derjenigen Stelle zu notieren, wo die Niederschrift abbricht – sonst hätte er gewiss ein vollständiges, intaktes Notenblatt verwendet.[40]

Nun gibt es zum Beispiel die Hypothese, dass die Fuge bereits fertig war, ja dass der Schluss bereits dem Drucker vorlag, doch Bach noch mit der Umschrift des ersten Teils auf vier Systeme beschäftigt war, wofür er sich eben die notwendigen Anschlusstakte notiert hatte. Hier lässt sich jedoch einwenden, dass Bach sicher auf keine derartige «Gedächtnisstütze» angewiesen war. Er muss die Fuge innerlich als Ganzes vor sich gehabt haben. Außerdem: Warum sollte ausgerechnet der *Schluss* der Fuge dem Drucker bereits vorgelegen haben, und nicht der Anfang? Dann müsste Bach die Fuge ja «von hinten» her komponiert haben.

Wie dem auch sei, aufgrund des reservierten Raumes und des beim Druck des Fugenfragments verwendeten Satzspiegels –

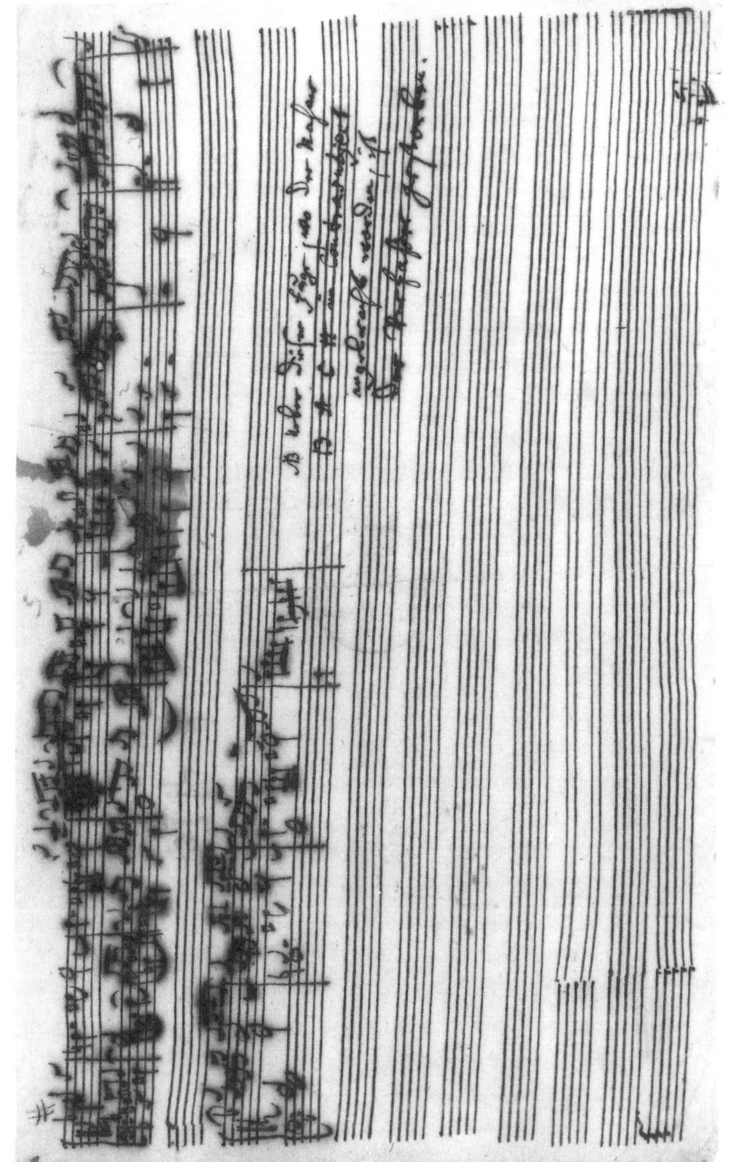

*Autograf der letzten Takte von Contrapunctus XIV.*

Staatsbibliothek zu Berlin – Preußischer Kulturbesitz. Musikabteilung mit Mendelssohn-Archiv

es nimmt fünf Seiten von maximal sechs möglichen ein – lässt sich folgern, dass die Fuge höchstens noch etwa 40 Takte, das heißt *eine Seite* länger gewesen sein kann. Van Houten und Kasbergen weisen nach, dass es *33* Takte gewesen sein müssen, die Bach nicht notiert hat. Bachs Niederschrift bricht mit Takt 239 ab, 7 Takte, nachdem gerade eine neue Entwicklung (Kombination des dritten Themas, des B-A-C-H-Themas, mit Thema 1 und 2) eingesetzt hat, mitten im Satz quasi (s. S. 69, Beispiel C). Von fremder Hand hinzugesetzt, erscheint an dieser Stelle im Autograf folgender Text:

*N.B. Über dieser Fuge, wo der Nahme B A C H im Contrasubject angebracht worden, ist der Verfasser gestorben.*

Nun erinnert dies auffallend an das Ende der Schrift *Chymische Hochzeit Christiani Rosenkreutz Anno 1459* (verfasst 1616) von Johann Valentin Andreae. Auch dieses Werk bricht in ganz ähnlicher Weise *mitten im Satz* ab:

«Nachdem sie nun noch eine Weile freundlich mit mir geplaudert, mir zuletzt die Hand gereicht und mich dem göttlichen Schutz befohlen hatten, wurde ich durch beide Alte, den Herrn des Turmes und Atlas, in einen herrlichen Schlafsaal geführt, in dem drei Betten standen, in welche wir uns legten. Da brachten wir noch fast zwei…

(*Hier fehlen ungefähr zwei Quartblättlein, und der Verfasser dieser Schrift ist im Glauben, er müsse morgens Torhüter sein, heimgekommen.*)»

Der bewusste Abbruch vor dem Ende bedeutet in esoterischen Schriften – und die *Chymische Hochzeit* ist eine esoterische Schrift! –, dass nur der Kenner der Materie, das heißt derjenige, der über die entsprechenden eigenen Erfahrungen verfügt, zu ergänzen vermag, was hier «fehlt». Wir wollen hiermit keineswegs – zumindest nicht rein aufgrund solcher Gemeinsamkeiten – behaupten, dass *Contrapunctus XIV* gleich der *Chymischen Hochzeit* als Protokoll von Einweihungsvorgängen «gelesen» werden muss. Uns interessiert zunächst die angewandte Methode des verschlüsselten Hinweisens auf Nicht-

Dargestelltes als solche. Und diese nimmt eindeutig Bezug auf die Rosenkreuzerschrift.

Dass Bach nicht irgendwo, irgendwann, vom Tode ereilt, die Feder aus der Hand gelegt hat, sondern an einer ganz bestimmten Stelle, dass es sich mithin um einen *bewussten* Akt handelt, das zeigt sich an zwei Merkmalen, die wiederum zahlenhafter Natur sind: Der letzte vollständig (vierstimmig) ausgeschriebene Takt ist Takt *238*. Es folgt *1* Takt, der nur noch fragmentarisch notiert ist (Takt 239). Hierin verbirgt sich also wieder das Signum der «Bach-Zahl» *2138*. Im letzten, fragmentarischen Takt endet das zweite Thema im Alt (auf Zählzeit «1»), der Tenor setzt es daraufhin mit sieben Tönen als einzige Stimme bis zum Abbruch fort. Diese sieben Töne (e-d-c-h-a-h-d) haben insgesamt den Zahlenwert *33* (5 + 4 + 3 + 8 + 1 + 8 + 4) – möglicherweise ein Hinweis darauf, dass noch 33 Takte bis zum (hypothetischen) Schluss der Fuge (Takt 272) folgen sollen.

Eine ganz ähnliche Situation treffen wir übrigens in dieser Fuge bereits eher an: Die erstmalige *Kombination* (s. S. 68, Beispiel A) von Thema 1 und 2 (in T. 147 – 153) erscheint am Ende einer 33-Takt-Periode (T. 121 – 153). Dieser gehen 7 Takte der einstimmigen Exposition des «neuen» Themas Nr. 2 voraus. Wer diese Verläufe vergleicht, wird weitere auffällige Bezüge entdecken. Man vergleiche zum Beispiel einmal die Gestalt des letzten notierten Taktes (239) und Takt 153 (s. S. 68, Beispiel B)!

Ähnlich steht es auch mit dem dritten Teil der Fuge: Auf die 14-taktige (!) Exposition des *«B-A-C-H»-Themas* (T. 193 –206) folgt eine Gruppe von 33 Takten, deren letzte 7 Takte (T. 233 – 239) jetzt die erstmalige Kombination von Thema 1, 2 *und 3* bringen (s. S. 69, Beispiel C).

Diese 7 Takte – die letzten, die Bach notiert hat – wären zugleich aber auch neuerliche «Exposition» im dargestellten Sinne: Vorbereitung der mutmaßlichen 33 Takte bis zum Schluss der Fuge. Im Schema von S. 69 sind diese Zahlenstrukturen noch einmal verdeutlicht.

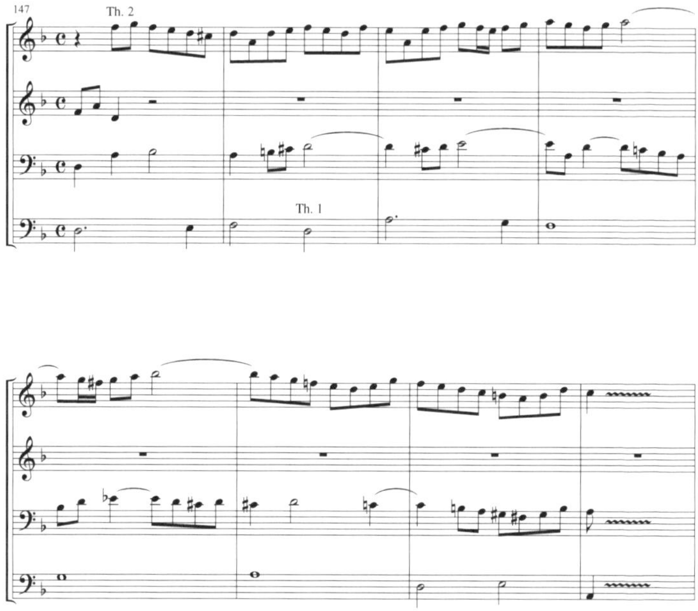


*Beispiel A: Contrapunctus XIV, Takt 147-153.*

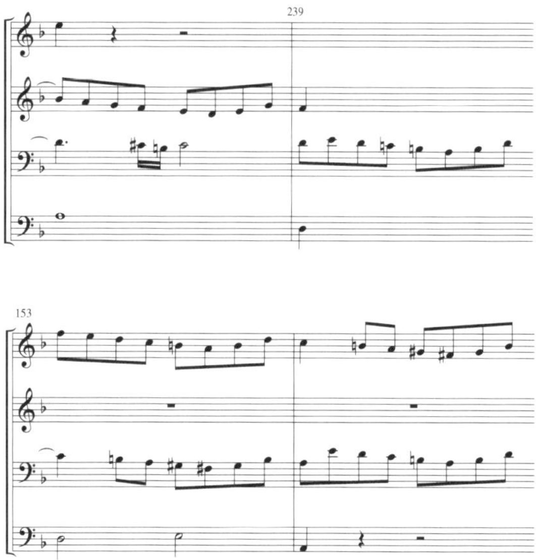


*Beispiel B: Contrapunctus XIV, Takt 238-239 und 153-154.*

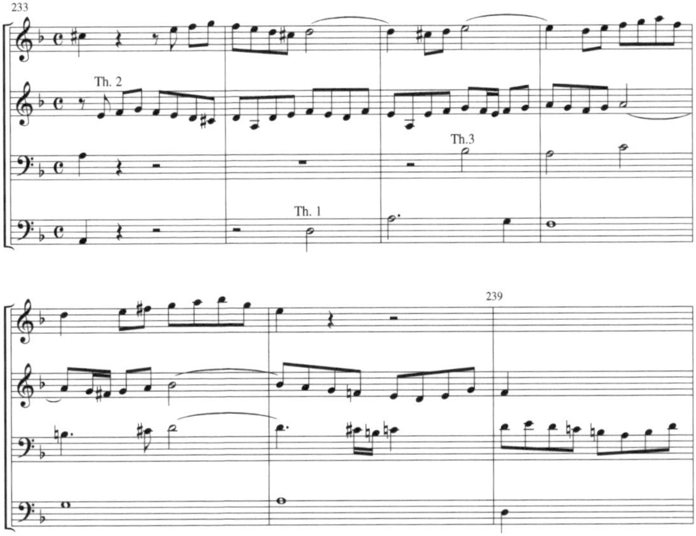


*Beispiel C: Contrapunctus XIV, Takt 233-239.*

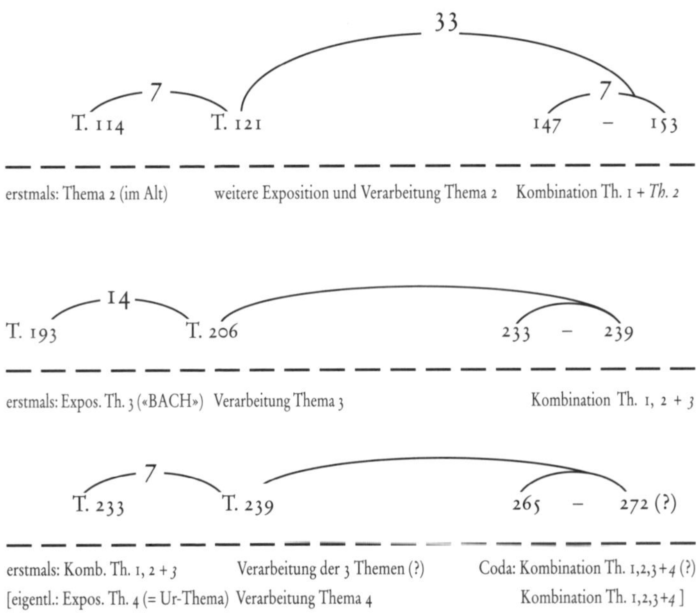


*Struktur der Takzahlen im Zusammenhang der Exposition, Verarbeitung und Kombination der vier Themen in Contrapunctus XIV.*

Allerdings: In dieser Sicht würde die eigentlich «fällige» Einführung und Verarbeitung des vierten Themas, des Ur-Themas des gesamten Werks, als *selbstständiges Glied* (der denkbare Verlauf ist im obigen Schema in Klammern [ ] angegeben) gänzlich unter den Tisch fallen. Stattdessen würde es sofort (und ausschließlich) in Kombination mit den anderen Themen erscheinen, und das nur ein einziges Mal, ganz am Ende der Fuge! Ist dies denkbar? Oder müsste die Fuge nicht doch mindestens 33 Takte länger sein, was aber, wie oben dargelegt, höchst unwahrscheinlich ist? Durchdringen sich hier vielleicht verschiedene Verläufe, z.B. derart, dass gewisse Passagen *doppelt* gezählt werden müssen (vgl. dazu unser Schema der Vierzehngliederung der *Goldberg-Variationen*)? Wenn ja, welche, und *wie* muss dies getan werden? Fragen über Fragen ...

Wer hier angesichts all dieser vielleicht spitzfindig anmutenden Überlegungen von Zweifeln befallen wird, sei abschließend noch mit einer «biografischen» Komponente dieser Fuge konfrontiert, die möglicherweise die Plausibilität der bisherigen Gedankengänge erhöht: Kasbergen und van Houten entdeckten, dass der Beginn der «BACH-Fuge», die «Konzeption» des dritten Themas des Contrapunctus XIV, quasi in Takt 1671 (bei kontinuierlicher Zählung aller Takte ab Contrapunctus I) liegt. In Takt 1685 ($\triangleq$ Geburtsjahr Bachs), nach 14 Takten also, ist seine stufenweise «Inkarnation» (= die Exposition des Themas in allen vier Stimmen) vollendet, in Takt 1750 ($\triangleq$ Bachs Todesjahr) endet die Fuge (hypothetisch). Die Notation bricht in Takt 1717 ab. Das Jahr 1717 markiert genau die Mitte von Bachs Leben (33. Lebensjahr). Die letzten 33 Lebensjahre / Fugentakte wären demnach nicht notiert. Übrigens hat auch das zweite Thema dieser Fuge (es ist eine umspielungsreiche Variante des Ur-Themas) einen verborgenen Bezug zum Namen J. S. Bach: Es umfasst 41 Töne.

Wir haben es also mit einer «Rätselfuge» zu tun, deren Lösung nur dem Kundigen gelingen kann: dem nämlich, der die esoterische Struktur des Ganzen aufgrund einiger Merkzeichen durchschaut. Der Schlüssel muss in der Struktur der Fuge selbst verborgen sein. Dabei spielt die Signatur «BACH» als musikalische und zahlenmäßige Chiffre die entscheidende Rolle.

Bisher ist es noch nicht gelungen, die «einzig richtige» Lösung all dieser Fragen zu finden (falls es eine solche überhaupt gibt). Doch man kann beobachten, dass sich im Laufe der 250 Jahre nach Bachs Tod bis heute der Schleier schrittweise zu heben anfängt. Es begann damit, dass nach etwa 120 Jahren der Beethoven-Forscher Gustav Nottebohm die Entdeckung machte (er publizierte sie 1880), dass sich das Ur-Thema der *Kunst der Fuge* tatsächlich mit den drei anderen Themen des *Contrapunctus XIV* vereinigen ließ (s. Beispiel D). Bis dahin (und auch heute noch, wie die populäre Rowohlt-Bildmonografie wieder zeigt[41]) waren viele Forscher der Meinung, die Fuge gehöre überhaupt nicht in den Gesamtkomplex des Werkes hinein. Ja, man bestritt, dass sie überhaupt als Quadrupelfuge intendiert sei. Letzteres ergibt sich jedoch klar aus der Tatsache, dass jedes der vier Themen mit einer der vier Gruppen von Fugen (s. Schema S. 60) korrespondiert. Das zuletzt erscheinende Ur-Thema nähme somit deutlich den Bezug zur ersten Gruppe der «einfachen Fugen» auf, deren Rückgrat es bildet.

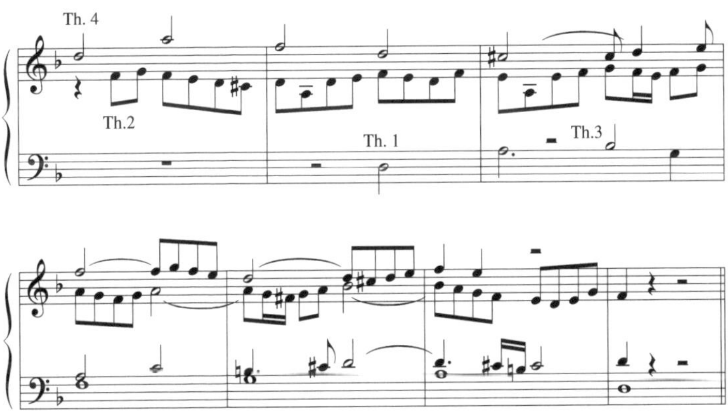


*Beispiel D: Kombination der vier Themen der Kunst der Fuge nach Gustav Nottebohm.*

Des Weiteren gelang es durch akribische und inspirierte Forscherleistungen (Graeser, Wiemer, Wolff, Butler) allmählich, die von Bach beabsichtigte endgültige Reihenfolge der Stücke zu rekonstruieren. Seitdem ist überhaupt erst klar, dass die Quadrupelfuge als *Contrapunctus XIV* einzuordnen ist und somit den Abschluss der Gruppe der Spiegelfugen bildet. Letzteres erscheint mir bedeutsam. Man muss sich daher fragen, ob nicht der Gesichtspunkt der *Spiegelung* (sowohl horizontal als *Umkehrung* wie vertikal als *Krebs* von Strukturen), bei richtiger Anwendung auch auf diese Fuge, noch zu bisher unerschlossenen Lösungswegen führen könnte. Schließlich ist ja das Thema, mit dem das Stück anhebt, nicht das Ur-Thema, sondern ein Gebilde von 7 Tönen, dessen zweite Hälfte Krebs der ersten ist:

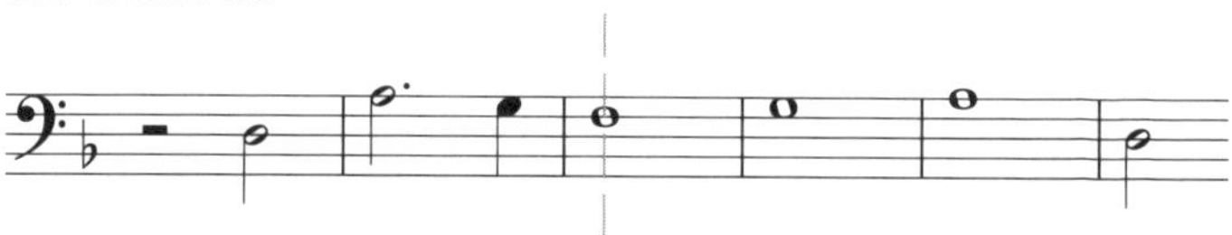

Hier wäre dann auch unbedingt die Frage nach der Bedeutung der Zahl 33 zu stellen, die sich zunächst nicht gematrisch deuten lässt.[42]

Wir halten hier inne und verweisen noch einmal auf die Forschungen von Kasbergen und van Houten, die übrigens an keiner Stelle den neuesten Forschungsergebnissen widersprechen, sondern diese aus der reinen Untersuchung der esoterischen Zahlenstrukturen voll bestätigen.

Es bleibt das ehrfürchtige Staunen über die übermenschlichen Dimensionen dieser Musik: «Da sind elementare Kräfte wie Planeten, psychisch belebt; das ist der Musiker kat exochen» (Richard Wagner).

# Anhang I

*Tabelle 1: Übersicht über die wichtigsten «Bach-Zahlen»*

$14 = 2 + 1 + 3 + 8 =$ Bach
$41 =$ J. S. Bach
$48 = 2 \cdot 1 \cdot 3 \cdot 8$
$76 = 2 \cdot 1 \cdot 38$
$84 = 3 \cdot 1 \cdot 28$
$108 = 18 \cdot 2 \cdot 3$
$140 =$ Bach
$158 =$ Johann Sebastian Bach
$166 = 2 \cdot 1 \cdot 83$
$184 = 23 \cdot 1 \cdot 8$
$208 = 2 \cdot 13 \cdot 8$
$238 = 238 \cdot 1$
$246 = 3 \cdot 1 \cdot 82$
$256 = 32 \cdot 1 \cdot 8$
$276 = 2 \cdot 138$
$283 = 283 \cdot 1$
$288 = 8 \cdot 3 \cdot 12$
$324 = 9 \cdot 18 \cdot 2 =$ J. S. B.
$328 = 328 \cdot 1$
$364 = 28 \cdot 13$
$366 = 2 \cdot 183$
$382 = 382 \cdot 1$
$384 = 3 \cdot 128$
$410 =$ J. S. Bach
$414 = 18 \cdot 23$
$456 = 12 \cdot 38$
$480 = 2 \cdot 1 \cdot 3 \cdot 80$
$486 = 81 \cdot 2 \cdot 3$
$496 = 8 \cdot 31 \cdot 2$
$504 = 21 \cdot 3 \cdot 8$
$546 = 182 \cdot 3$
$576 = 32 \cdot 18$
$616 = 308 \cdot 1 \cdot 2$
$636 = 318 \cdot 2$
$648 = 2 \cdot 108 \cdot 3$
$654 = 3 \cdot 218$
$760 = 2 \cdot 1 \cdot 380$
$762 = 381 \cdot 2$
$798 = 21 \cdot 38$
$823 = 823 \cdot 1$
$832 = 832 \cdot 1$
$840 = 3 \cdot 1 \cdot 280$
$843 = 281 \cdot 3$
$868 = 32 \cdot 28$
$984 = 123 \cdot 8$
$996 = 83 \cdot 12$
$1056 = 132 \cdot 8$
$1066 = 82 \cdot 13$
$1080 = 18 \cdot 2 \cdot 30$
1238
1283
1328
1382
$1400 =$ Bach
$1580 =$ Johann Sebastian Bach
$1606 = 2 \cdot 1 \cdot 803$
$1624 = 8 \cdot 203 \cdot 1$
$1626 = 813 \cdot 2$
$1648 = 2 \cdot 8 \cdot 103$
$1660 = 2 \cdot 1 \cdot 830$

1662 = 2 · 831
1704 = 213 · 8
1743 = 21 · 83
1823
1832
1840 = 8 · 23 · 10
1848 = 231 · 8
1863 = 23 · 81
2076 = 2 · 1038
2138
2166 = 2 · 1083
2183
2318
2381
2406 = 3 · 802 · 1
2416 = 8 · 302 · 1
2436 = 3 · 812
2448 = 8 · 3 · 102
2463 = 3 · 821
2484 = 108 · 23
2496 = 8 · 312
2542 = 82 · 31
2568 = 321 · 8
2592 = 81 · 32
2616 = 1308 · 2
2704 = 208 · 13
2813
2831
2884 = 103 · 28
3084 = 3 · 1028
3128
3182
3218
3246 = 1082 · 3
3281

3456 = 108 · 32
3606 = 1803 · 2
3624 = 3 · 1208
3654 = 203 · 18
3696 = 308 · 12
3812
3821
3876 = 102 · 38
4806 = 2 · 3 · 801
4816 = 8 · 301 · 2
4824 = 201 · 3 · 8
5406 = 1802 · 3
5436 = 302 · 18
6036 = 2 · 3018
6054 = 3 ¯ 2018
6162 = 2 · 3081
6216 = 2 · 3108
6243 = 3 · 2081
6324 = 3 · 2108
6448 = 31 · 208
6468 = 21 · 308
7602 = 2 · 3801
7638 = 201 · 38
8123
8132
8184 = 1023 · 8
8213
8231
8312
8321
8403 = 3 · 2801
8428 = 301 · 28
8466 = 83 · 102
9624 = 1203 · 8
9636 = 803 · 12
69832 = 58 · 86 · 14
(58 = Johann, 86 = Sebastian,
14 = Bach

## *Tabelle 2: Übersicht über die «biografischen Zahlen» Bachs und die «Rosenkreuzer-Zahlen»*

### *1. Lebensdaten Bachs:*

21 3 ≙ 21. März (Bachs Geburtstag)
80 ≙ 21. März, denn der achtzigste Tag des Jahres 1685 war der 21. März.
28 7 ≙ 28. Juli (Bachs Todestag)
209 ≙ 28. Juli, denn der 209. Tag des Jahres 1750 war der 28. Juli.
112 = 2 · 8 · 7
156 = 78 · 2
287 ≙ 28. Juli
1685 = Bachs Geburtsjahr
240 = 1 · 6 · 8 · 5
340 = 1 · 68 · 5
1750 = Bachs Todesjahr
350 = 1 · 7 · 50
351 = 1 + 7 · 50
750 = 1 · 750
23869 = Zahl der Lebenstage Bachs

### *2. Rosenkreuzerzahlen:*

3 17 = CR
17 3 = RC
252 = Christian Rosencreutz (97 + 155)
317 = Frater Christian Rosencreutz (65 + 97 + 155)
1378 = Geburtsjahr von Christian Rosenkreutz
378 = 1 · 378
1484 = Todesjahr von Christian Rosenkreutz
484 = 1 · 484
544 = A.C.R.C. Hoc Universi Compendium Vivus Mihi Sepulchrum Feci
1604 = Jahr der Öffnung des Grabes von Christian Rosenkreutz

*3. Verklammerung der Lebensdaten Bachs mit denen des Christian Rosenkreutz:*

Das Geburtsjahr von Christian Rosenkreutz ist in der «Rosenkreuzerzählung» das Jahr Null; dann ergibt sich folgende Parallelzählung:

106 = 1484
307 = 1685
372 = 1750

# Anhang II

*von Johann Sonnleitner*

## *Zu den Tempoverhältnissen in Bachs Goldberg-Variationen und der Kunst der Fuge*

Zu Bachs Zeit bedurfte es für Musiker keinerlei besonderer okkulter Fähigkeiten, das angemessene Tempo eines Musikstückes zu finden, denn dieses *tempo giusto* war durch die Notation bestimmt: in einer ersten Schicht durch die Wahl der Taktart samt den vorkommenden Notengattungen, in einer zweiten Schicht durch entsprechende Beiwörter wie Allegro, Adagio und eventuell durch Tanzbezeichnungen. Die einstige Selbstverständlichkeit, das Zeitmaß und den Charakter eines Stückes weitgehend aus der Art der Notation abzulesen, ging im Laufe des 19. Jahrhunderts allmählich verloren. Schon 1826 musste Beethoven feststellen: «Wir können beynahe keine tempi ordinarij mehr haben, indem man sich nach den Ideen des freyeren Genius richten muss» und befürwortete, nicht ohne Widerstreben, aber aus einer berechtigten Sorge um die angemessenen Tempi den Notbehelf des Metronoms. Im Sinne einer dritten Schicht der Tempo- und Charakterpräzisierung hat Beethoven einige seiner Werke mit Tempoangaben versehen, die – entgegen ihrer ursprünglichen Intention – in der heutigen Musikwelt Anlass zu heftigen Kontroversen geben. Ohne jeglichen Widerspruch bezeichnete dann Beethovens Schüler und Liszts Lehrer, der verdienstvolle Carl Czerny, neben vielen anderen Werken auch Bachs Werke mit Metronomangaben. Das wurde von seinen Zeitgenossen dankbar akzeptiert. Nun, der «freyere Genius» – und in seinem Gefolge eine gewisse Virtuosenmentalität – hat sich in der romantischen Epoche und auch nachher noch in vielerlei Formen ausgelebt.

Als Reaktion auf vielleicht allzu subjektive Interpretationen barocker und klassischer Musik hat um die Mitte des 20. Jahrhunderts die Bewegung der historisch orientierten Aufführungspraxis eingesetzt und gemeinsam damit auch eine neue Beachtung «objektiver» historischer Tempoangaben in Form von Pendel- und Metronomangaben. Das Fatale daran ist nur: Der «freyere Genius» hat sich – parallel mit dem Eindringen des Materialismus – auch von den Grundbegriffen historischer Tempomessung befreit, indem er unter einem «Schlag» in der Regel nicht mehr die volle Hin-und-her-Bewegung des Pendels von einer Seite zur anderen versteht, sondern nur den einzelnen Ausschlag (Tick) in einer Richtung. Die noch im Jahre 1853 durch den konservativen Komponisten und Musiktheoretiker Moritz Hauptmann bezeugte Auffassung der metrischen Einheit als eines «ungetrennt-Doppelten», als einer «Zwei-Einheit» (Moritz Hauptmann: *Die Natur der Metrik und Harmonik*, Leipzig, 1853, S. 223 f.) war in Vergessenheit geraten. Die Missdeutung der historischen Metronomangaben, für die je nach Kontext sowohl der Einzelschlag als auch der Doppelschlag in Betracht kommt, ist eine der Ursachen für die vielen Zeitmaßverzerrungen im heutigen Musikleben, das von einigen wenigen, aber millionenfach ab- und nachgespielten Aufnahmen geprägt ist. Das betrifft in besonderer Weise auch Bachs Goldberg-Variationen.

Der geistig-seelische Gehalt der Bachschen Musik, ihre klangliche Entfaltung und ihre therapeutische Tiefenwirkung erfordern die Wiedergewinnung entsprechender Zeitmaße. Diese ergeben sich fast wie von selbst aus einer Zusammenschau aller Tempo- und Vortragsparameter in Bachs unübertrefflich klar notiertem Zeitmaßgefüge. Clemens-Christoph von Gleich hat einen praktischen Tempo-Wegweiser mit 200 Übungen und Beispielen initiiert und ausgearbeitet, der als Buch *Bach: wie schnell?* im Verlag Urachhaus 2002 veröffentlicht wurde. Die folgenden Anregungen beruhen auf dieser Forschungsarbeit.

## *Zu den Zeitmaßverhältnissen in Bachs Goldberg-Variationen*

Aria

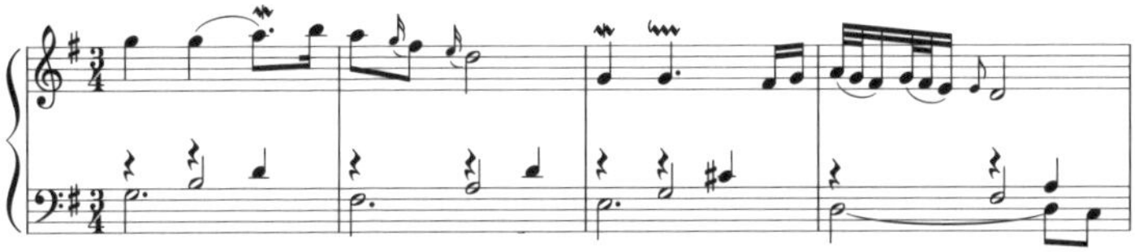

3/4, 32stel-Noten, im Stil einer Sarabande, d. h. Largo-Stufe des 3/4-Taktes, Viertel = 42 – 52

Variation 1

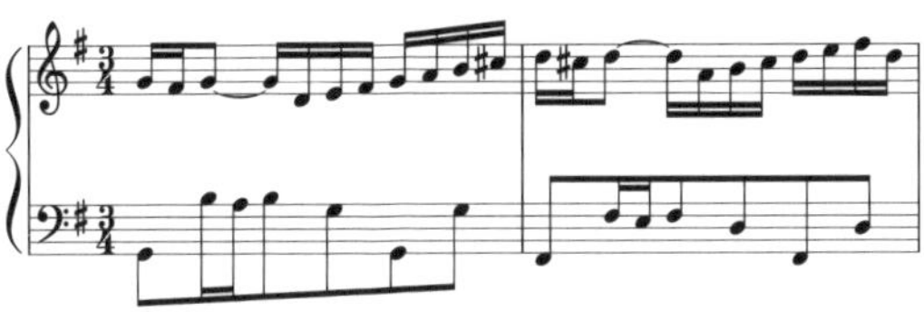

3/4, 16tel-Noten, Viertel = 60 – 72

Variation 2

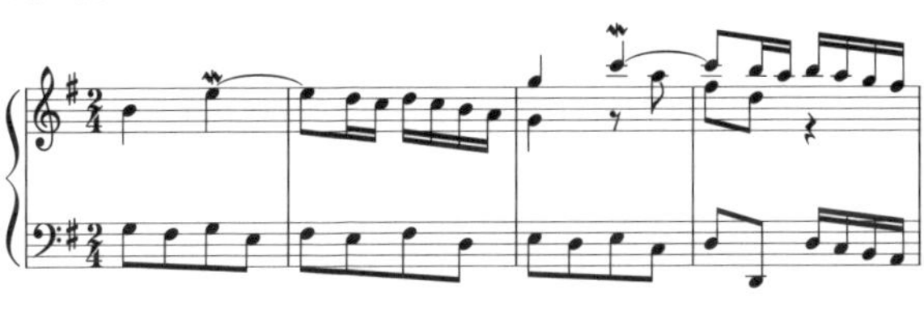

2/4, 16tel-Noten, Achtel = 92 – 112, Viertel = 46 – 56

Variation 3

**Canone all' Unisuono**

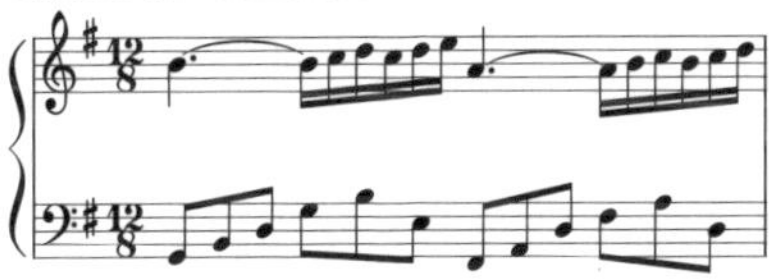

12/8, 16tel-Noten, Achtel = 120 – 152, punktierte Viertel = 40 – ca. 50

Variation 4

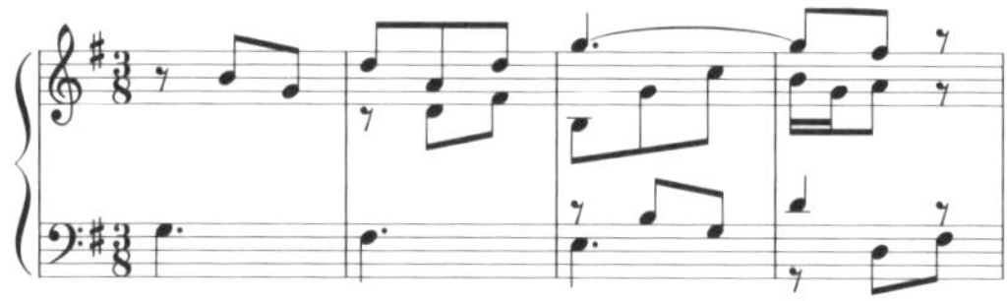

3/8, 16tel-Noten, Achtel = 88 – 104

Variation 5

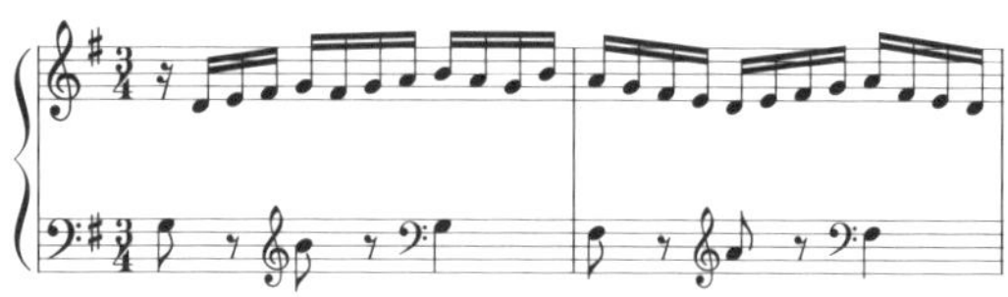

3/4, 32stel-Noten, Viertel = 54 – 60

Variation 6

**Canone alla Seconda**

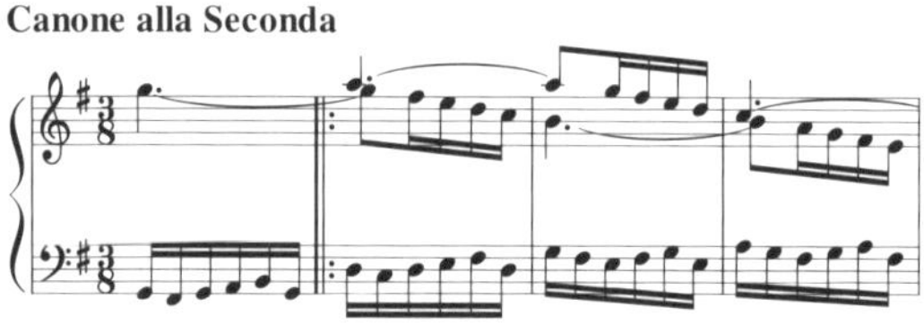

3/8, 16tel-Noten, Achtel = 88 – 104

Variation 7 («al tempo di Giga»)

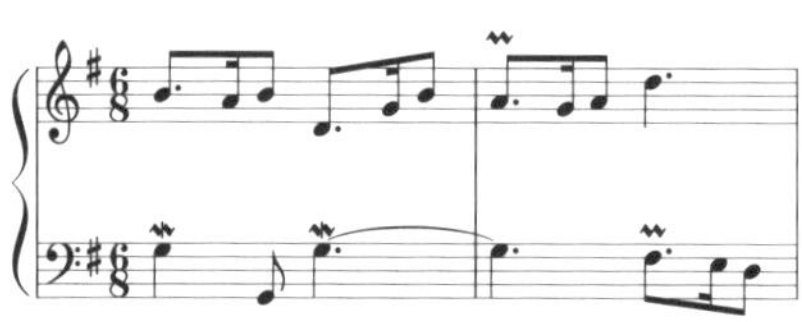

6/8, körnige 16tel-Noten, «geschleifte» 32tel-Noten, punktierte Viertel = 40 – ca. 52,
Achtel = 120 – 152 (d. i. Allegro-Stufe des 6/8-Taktes)

Variation 8

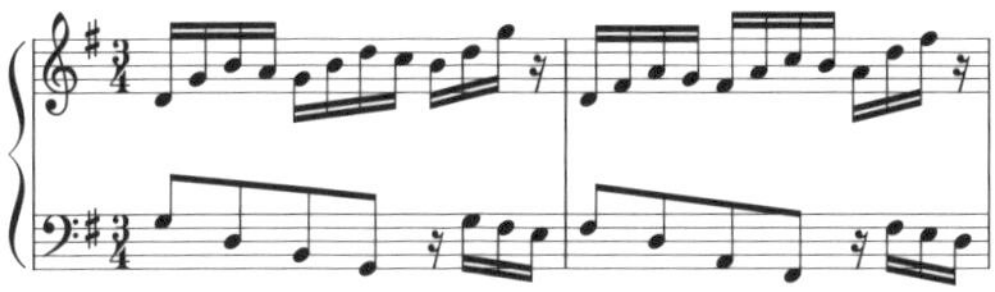

3/4, 32stel-Noten, Viertel = 54 – 60

Variation 9

**Canone alla Terza**

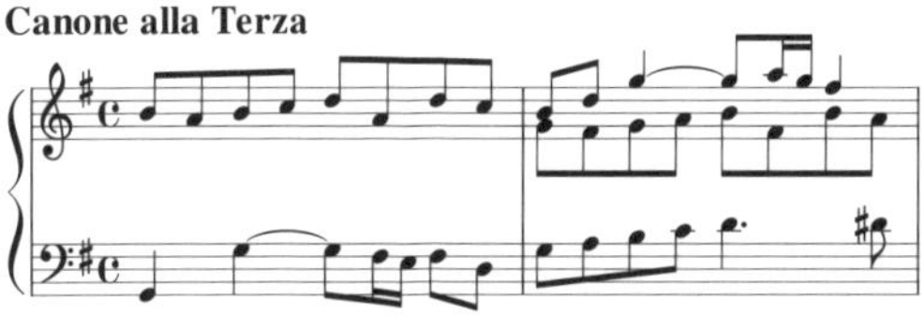

4/4. Wie der Schluss auf der Mitte des letzten Taktes und die harmonische Struktur zeigt, handelt es sich um einen aus zwei 2/4-Takten oder sogar 4/8-Takten zusammengesetzten 4/4-Takt. 16tel-Noten, Viertel = 46 – 56 (vgl. Var. 2 und 21)

Variation 10

**Fughetta**

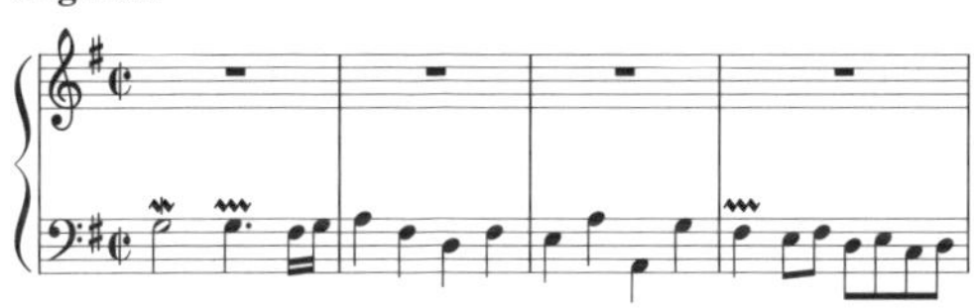

2/2, 16tel-Noten, Halbe = ca. 50 (vgl. Var. 28 und 22)

Variation 11

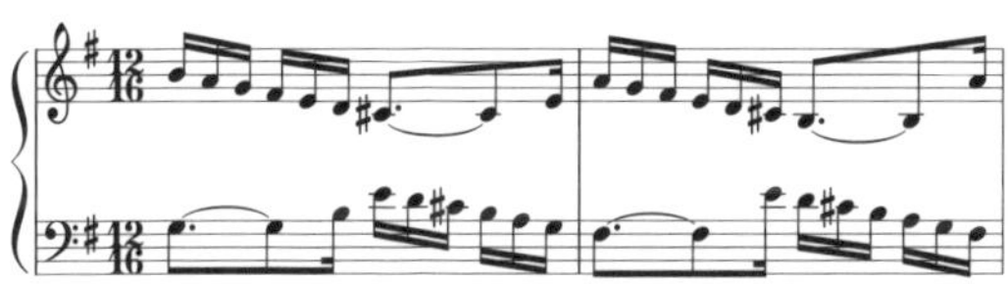

12/16, 16tel-Noten, punktierte Achtel = 60 – 76

## Variation 12

**Canone alla Quarta**

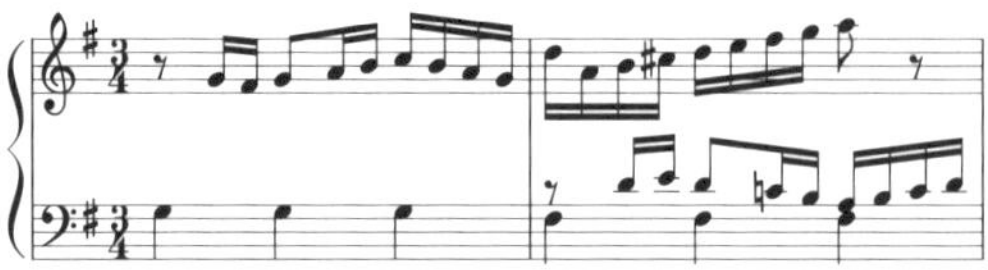

¾, 32stel-Noten, Viertel = 42 – 48, Achtel = 84 – 96

## Variation 13

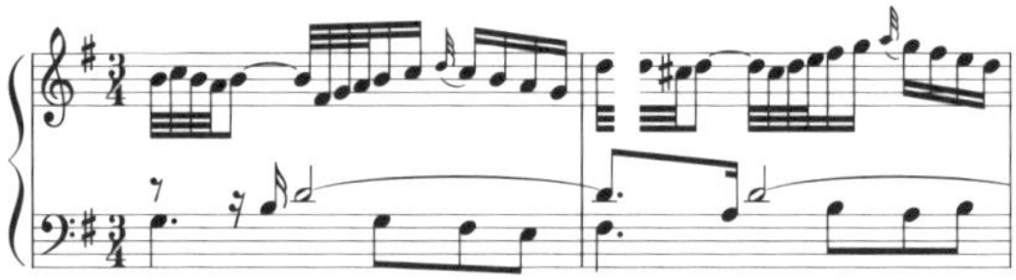

¾, 32stel-Noten, Achtel = 66 – 84

## Variation 14

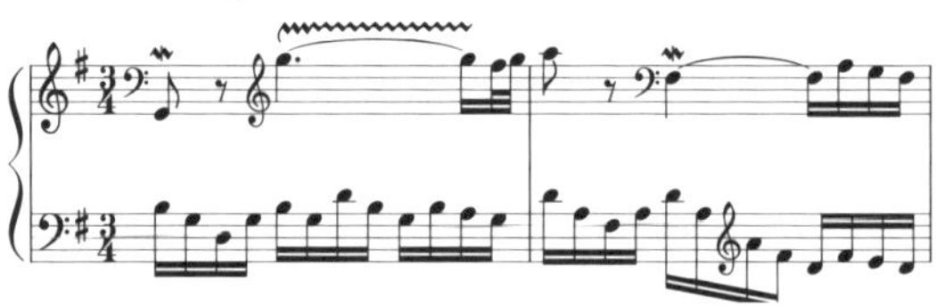

¾, 32stel-Noten, Achtel = 84 – 100, Viertel = 42 – 50

## Variation 15

**Canone alla Quinta**

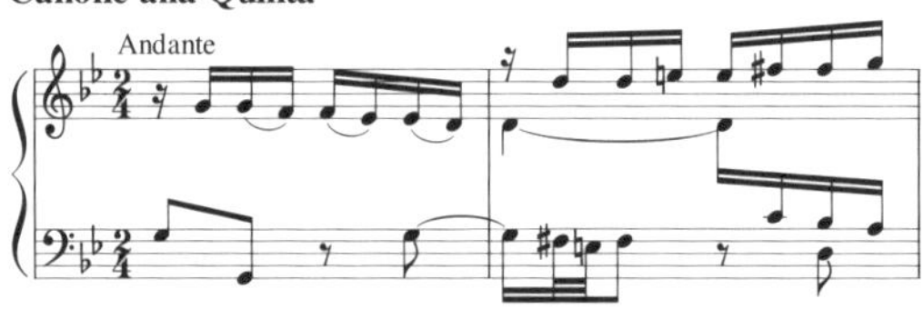


²⁄₄, Andante, 32stel-Noten, Achtel = 58 – 72

## Variation 16

**Ouverture**

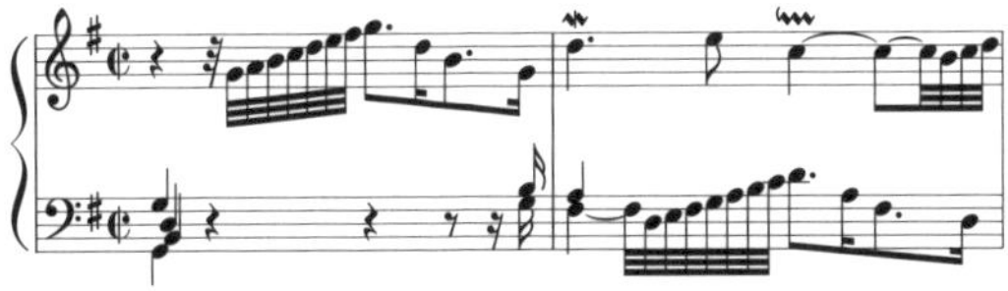

a) 2/4, 32stel-Noten, Halbe = 30 – 33, Viertel = 60 – 66

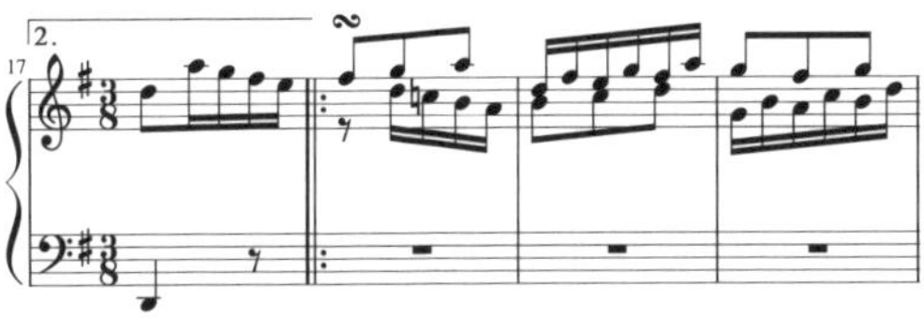

b) 3/8, 32stel-Noten, punktierte Viertel = 30 – 33, Achtel = 90 – 99. Durch diese Proportion ist gewährleistet, dass die beiden Teile der Variation wie in allen anderen Variationen gleich lang dauern.

## Variation 17

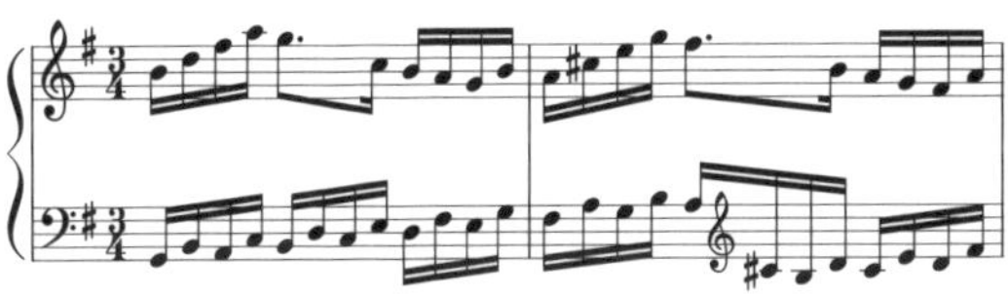

3/4, 32stel-Noten, Viertel = 54 – 60

## Variation 18

**Canone alla Sexta**

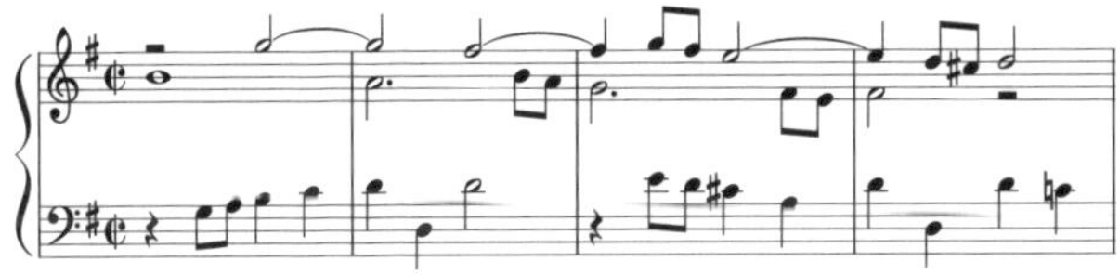

2/2, Achtel-Noten, Halbe = 50 – 58 (vgl. Var. 22)

Variation 19

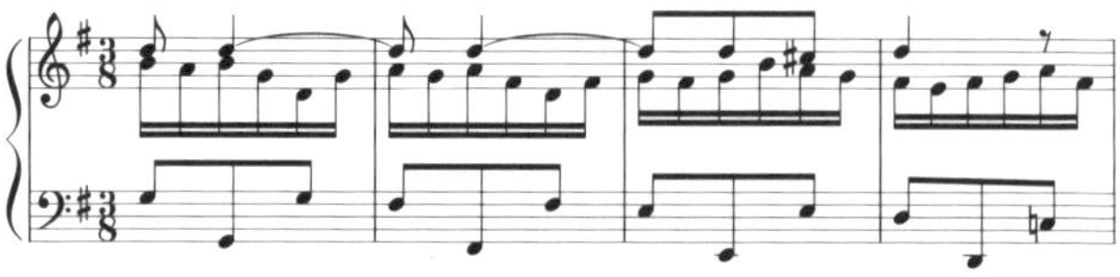

3/8, 16tel-Noten, Achtel = 88 – 104

Variation 20

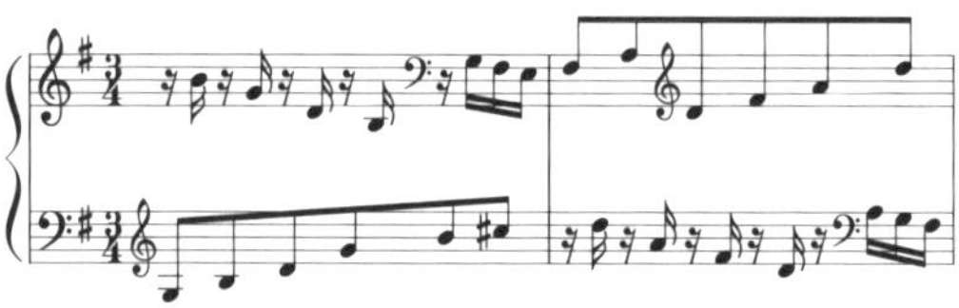

3/4, 16tel-Triolen, Viertel = 48 – 54

Variation 21

**Canone alla Settima**

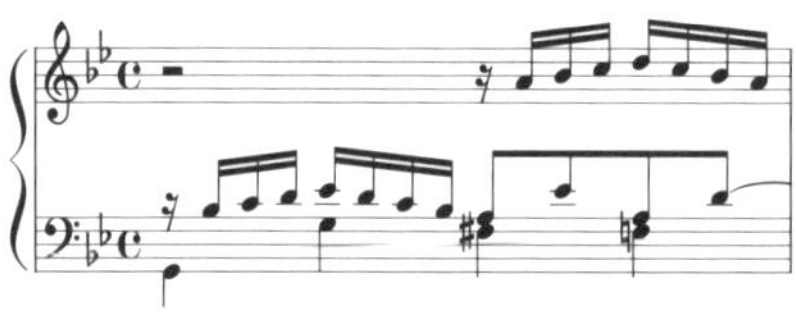

4/4 (eigentlich ein aus zwei 2/4-Takten zusammengesetzter 4/4-Takt), 32stel-Noten, reiche Harmonik, Achtel = 58 – 72 (Andante-Stufe des 2/4-Taktes)

Variation 22

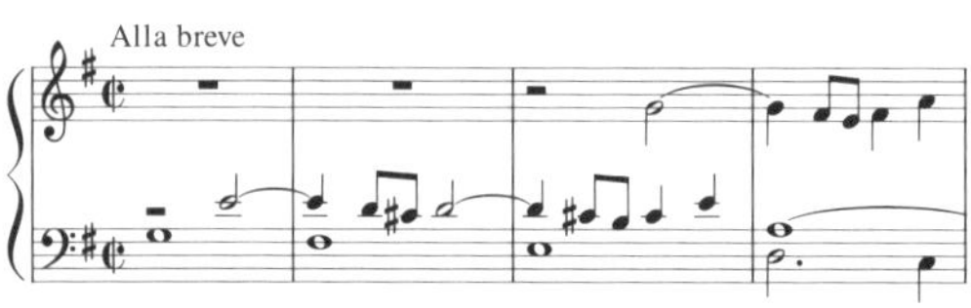


2/2, Alla breve, Achtel-Noten, Halbe = 58 – 68 (vgl. Var. 18)

Variation 23

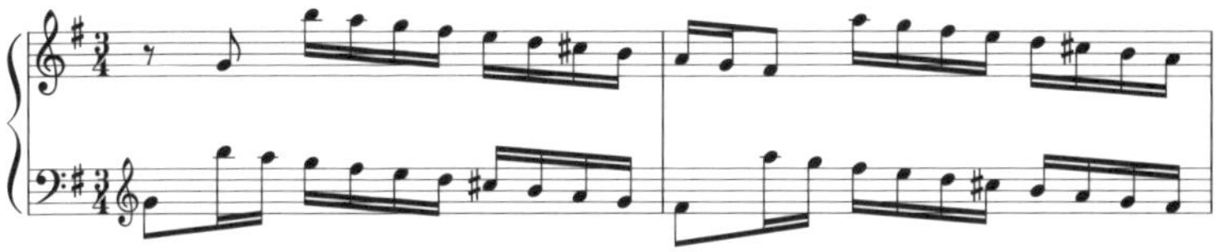

¾, artikulierte 32stel-Noten, Viertel = 54 – 60

Variation 24

**Canone all'Ottava**

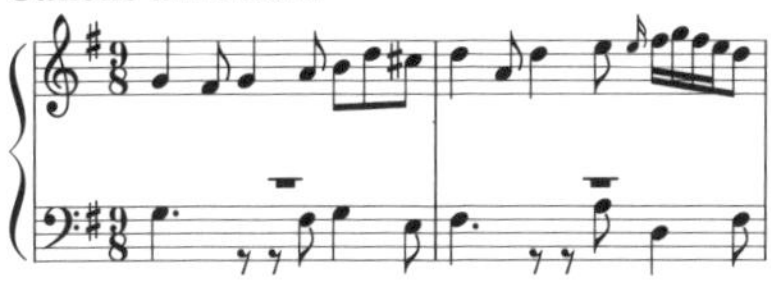

9/8, 16tel-Noten, punktierte Viertel = 44 – 50

Variation 25

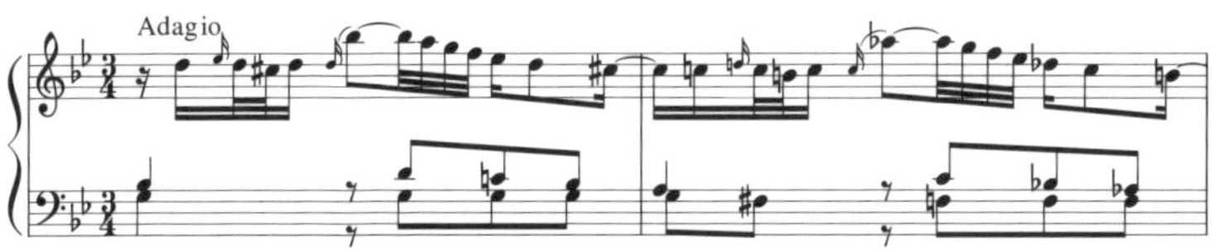


¾, Adagio, 64stel-Noten, Achtel = 44 – 50

Variation 26

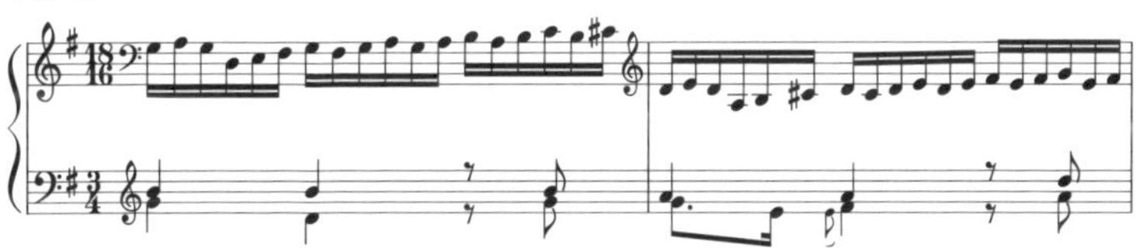

18/16 mit binären, 3:2 zu gliedernden 16tel-Noten plus ¾ mit der Möglichkeit, die Rhythmen des ¾-Taktes variabel, im Sinne von «inegalen» Sarabanden-Rhythmen zu gestalten, z. B. die Achtelauftakte je nach harmonischer Situation gleichzeitig mit der vorletzten oder letzten 16tel-Note des 18/16-Taktes zu spielen. So wird die von Bach intendierte rhythmische Struktur der ternären Untergliederung der Taktteile, die durch die Schreibweise der Achtelpausen im letzten Takt evident ist, schon vom ersten Takt an dem Hörer vernehmbar. Punktierte Viertel bzw. Viertel = 48. Das entspricht etwa der Bewegung einer Sarabande und dem Tempo der Aria.

Variation 27

**Canone alla Nona**

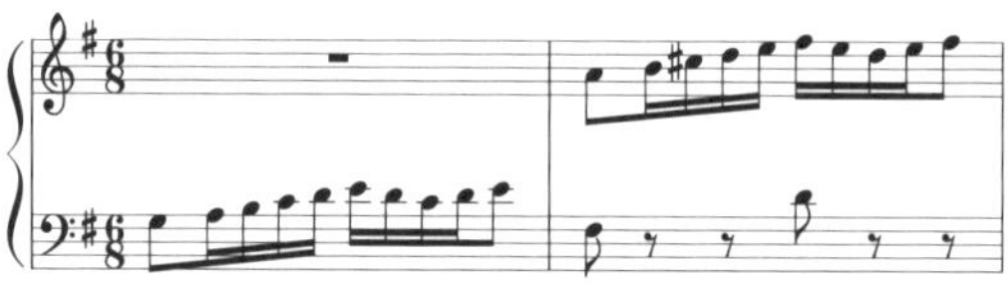

6/8, 32stel-Noten, Achtel = 120 – 144

Variation 28

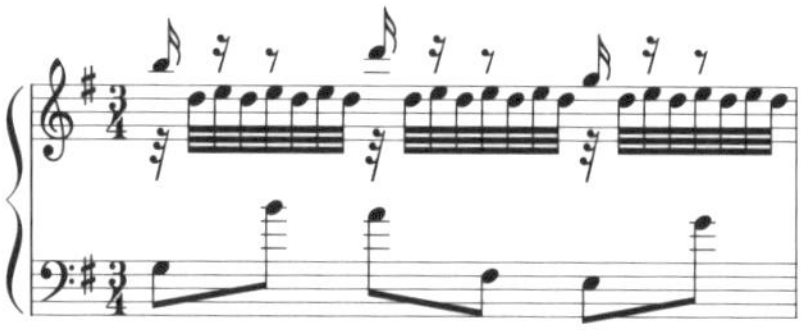

3/4, 32stel-Noten, Viertel = 54 – 60

Variation 29

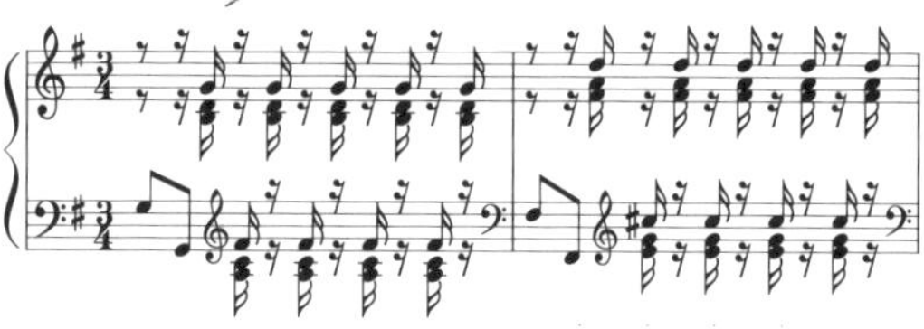

3/4, 16tel-Triolen, bzw. an diese anzugleichende 32stel-Noten, Viertel = 54 – 60

Variation 30

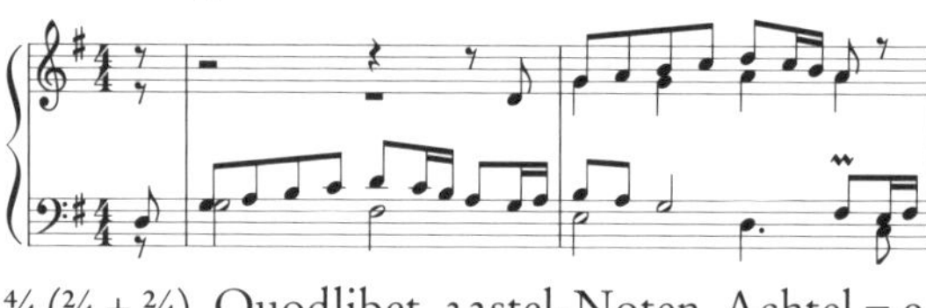

4/4 (2/4 + 2/4), Quodlibet, 32stel-Noten, Achtel = 96 – 112, Viertel = 48 – 56

# *Zu den Zeitmaßen in Bachs Kunst der Fuge*

Von Bachs *Kunst der Fuge* liegen zwei verschieden notierte Hauptquellen vor: Bachs Autograf und der von ihm nicht bis zuletzt betreute Erstdruck. Abgesehen davon, dass das Autograf noch nicht alle später komponierten Teile enthält, besteht der Unterschied darin, dass es in «kleinen Notenwerten» geschrieben ist, die spätere Druckversion in «großen Notenwerten». Ein Beispiel: Die Fuga 10 des Autografs entspricht dem Contrapunctus 8 des Drucks. Aus den 2/4-Takten (eigentlich verkappten 4/8-Takten) mit 32stel-Noten des Autografs werden im Druck 2/2-Takte, die durch das Vorkommen der 16tel-Noten als keine eigentlichen Alla-breve-Takte, sondern 𝄵-Takte mit vier leichten Zeiten gelten dürfen.

Ältere Fassung des Contrapunctus IX (vgl. BWV 1080/9)

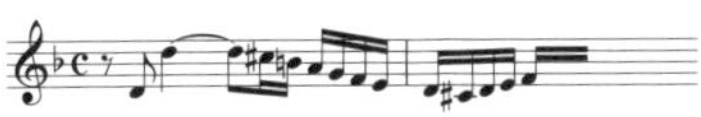

Ältere Fassung des Contrapunctus VIII (vgl. BWV 1080/8)

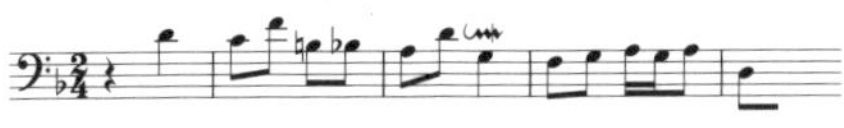

Die unterschiedliche Notation wirkt sich nicht auf das Tempo aus, sondern auf das Taktgewicht und die Vortragsart. Nach der Musiklehre der Bach-Zeit regt die Notation in kleinen Notenwerten eine «leichtere» Spielart an als die Notation in großen Notenwerten.

Ein Grund für die Umschreibung in die altertümlichere, gewichtigere Notation steht vielleicht im Zusammenhang mit einer Aufgabe in der *Mizlerschen Sozietät*. Laut Artikel 25 dieser wissenschaftlich-künstlerischen Gilde hatte jedes Mitglied eine Jahresgabe einzureichen, in dem «die Maestät der alten Musik wieder hergestellt, und so eingerichtet werde, dass sie die Sitten bessert, und die Leidenschaften reiniget». Bachs Beitrag im Jahre 1750 sollte die *Kunst der Fuge* sein.

Aus den mehr äußerlichen Faktoren (Taktangabe plus Notengattungen) und den inneren, inhaltlichen Faktoren, aus denen der Affekt, das musikalische Temperament zu erkennen ist, ergeben sich ungefähr folgende Zeitmaße:

*4 einfache Fugen*
Contrapunctus I, II, III, IV

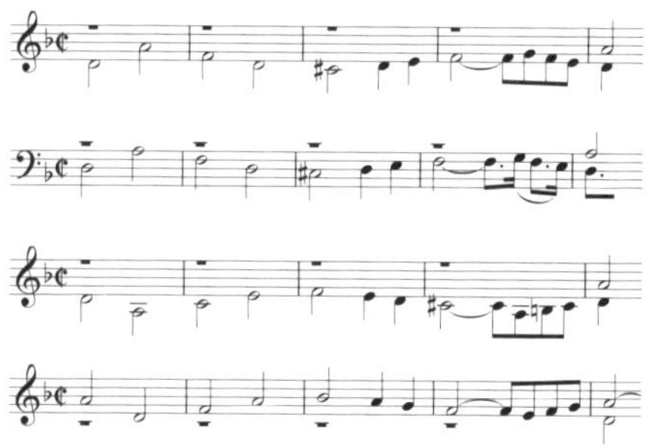

₵-Takt, je nach vorkommenden 16tel-Noten: Halbe = 40 – 50

*3 Gegenfugen*
Contrapunctus V

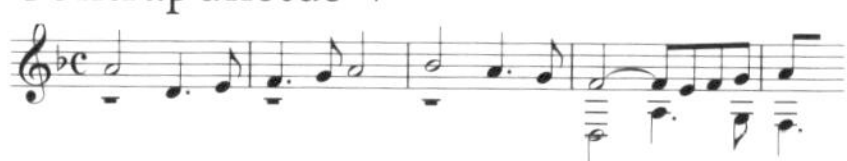

C-Takt, Achtel-Noten, Viertel = 69 – 80

Contrapunctus VI («in Stylo Francese»)

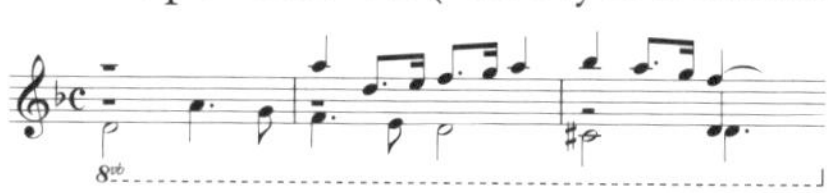

C-Takt, 32tel-Noten, Viertel = 56 – 69

Contrapunctus VII (per Augmentationem et Diminutionem)

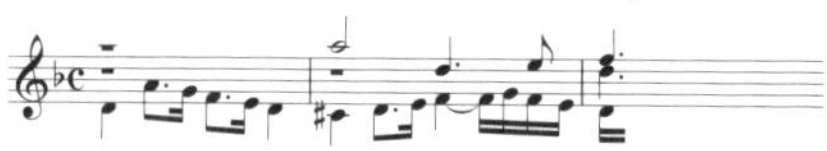

C-Takt, 16tel-Noten (32tel-Noten in Takt 15), Viertel = (46 – 56), 56 – 69

*4 Fugen mit Gegenthemen*

Contrapunctus VIII

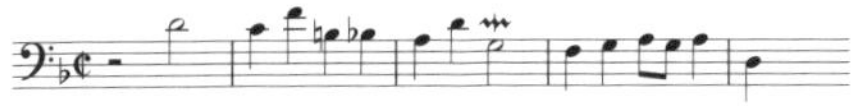

₵-Takt mit 16tel-Noten, Viertel = 69 – 80 – 92

Contrapunctus IX

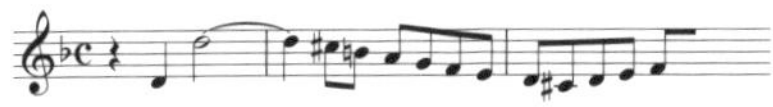

Im Druck notiert als C-Takt, vielleicht irrtümlich statt ₵-Takt. Im Autograf ist das Stück als zusammengesetzter 2/4-Takt notiert, was dort einen Temporahmen von Viertel = 56 – 69 nahelegt. Demnach kann aus der Notation des Druckes (C-Takt mit Achtel-Noten) ein Rahmen von Halbe = 56 – 69 angenommen werden, was dem Tempo giusto eines ₵-Taktes mit Achtel-Noten entspricht.

Contrapunctus X

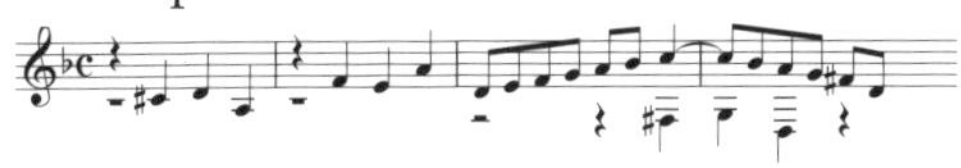

C-Takt mit Achtel-Noten, Viertel = 69 – 80

Contrapunctus XI

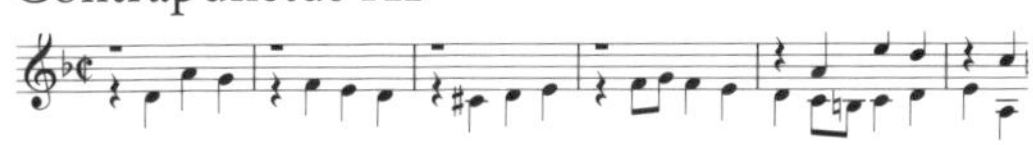

₵-Takt mit 16tel-Noten und reicher Harmonik, Viertel = 69 – 80

*2 Spiegelfugen*

Contrapunctus rectus & inversus XII a, b

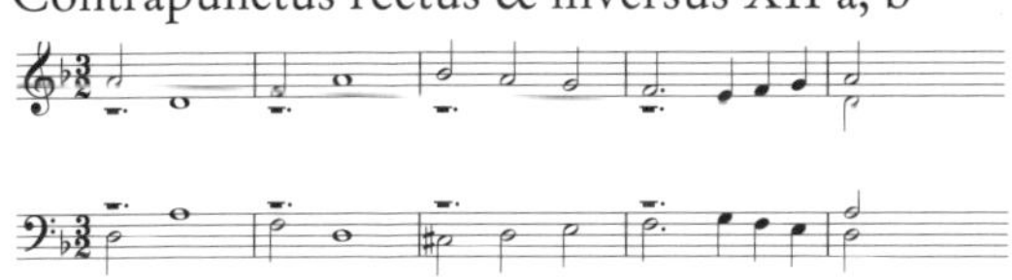

3/2-Takt, Achtel- und einzelne 16tel-Noten, Halbe = 42 – 52, Viertel = 84 – 108

Contrapunctus rectus & inversus XIII a, b

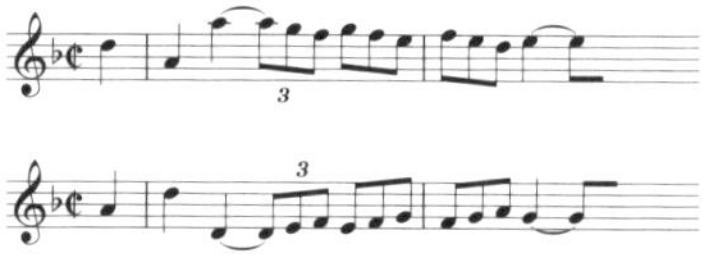

𝄵-Takt mit Achtel-Triolen, Halbe = 50 – 56

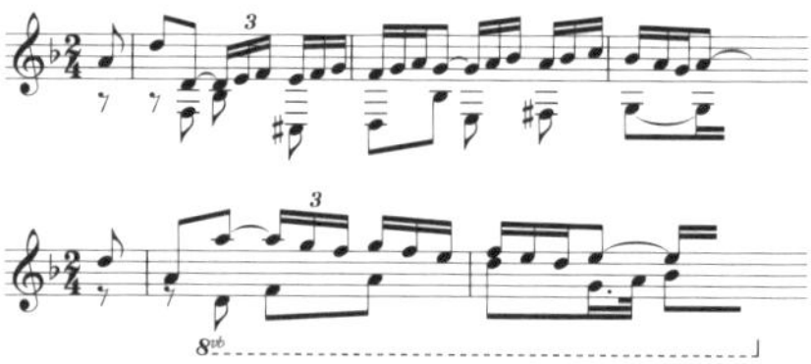

Alio modo a 2 Clav., 2/4-Takt, 16tel-Triolen, Viertel = 50 – 56

*Fragment einer Quadrupelfuge*
Contrapunctus XIV

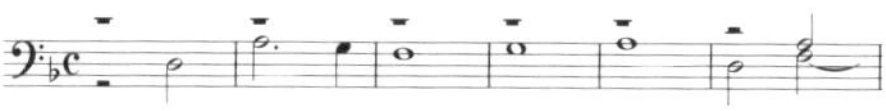

Autograf 𝄵-Takt (Druck irrtümlich C-Takt?), 16tel-Noten, Mittelwert für alle drei Teile: Halbe = 40, Viertel = 80

*4 Kanons*
Canon I alla Ottava

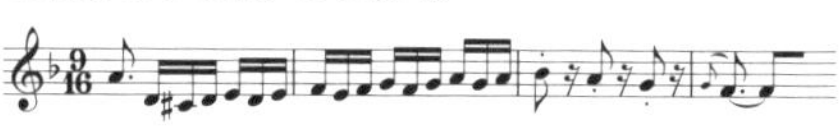

9/16-Takt, punktierte Achtel = ca. 76

Canon II alla Decima in Contrapunto alla Terza

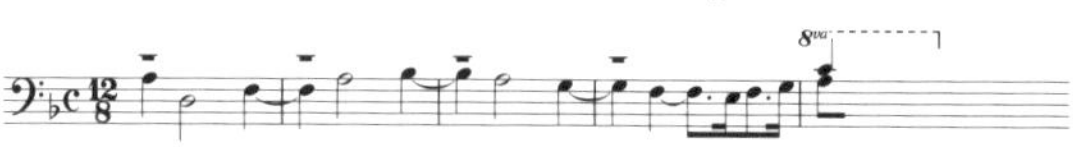

C-12/8-Takt, 16tel-Noten, Viertel bzw. punktierte Achtel = 52 – 69

Canon III alla Duodecima in Contrapunto alla Quinta

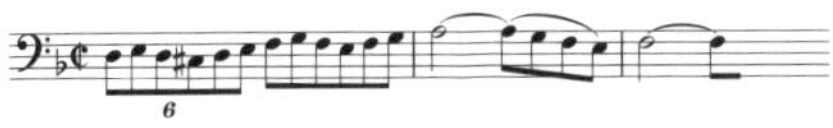

𝄵-Takt, Achtel-Sextolen und vereinzelte 16tel-Noten, Viertel = 112 (?)

Canon IV per Augmentationem in Contrario Motu

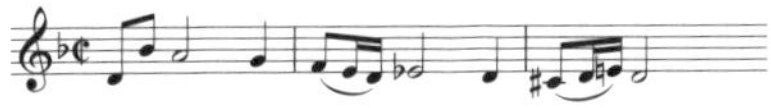

𝄵-Takt, 16tel-Noten, Viertel = ca. 80

Die Zeitmaße der vier Kanons sind nicht aus der Notation allein hergeleitet, es spielt dabei auch eine hyptothetische Zuordnung zu den vier klassischen Temperamenten eine Rolle; der 9/16-Takt spricht für ein Vorwiegen des luftig-sanguinischen Temperaments, die Mischung von C- und 12/8-Takt für das wässrig-phlegmatische, der 𝄵-Takt in Verbindung mit den aufbrausenden Sextolen-Figuren für das feurig-cholerische und der 𝄵-Takt mit den chromatischen Gängen in Vergrößerung für das melancholische Temperament.

# Anmerkungen

1 Ingrid und Helmut Kaußler: *Die Goldberg-Variationen von J. S. Bach* (Stuttgart 1985).
2 Kees van Houten / Marinus Kasbergen: *BACH en het getal* (Zutphen 1985).
3 Zur Einführung: Franz Carl Endres / Annemarie Schimmel: *Das Mysterium der Zahl. Zahlensymbolik im Kulturvergleich* (Diederichs Gelbe Reihe, Köln 1984) und Ernst Bindel: *Die geistigen Grundlagen der Zahlen* (Stuttgart 1980). Zur Zahlenssymbolik in der Musik: W. Blankenburg und W. Elders: Artikel «Zahlensymbolik» in: *Musik in Geschichte und Gegenwart* (MGG), Band 16 (Ergänzungsband), Kassel 1979, Spalte 1971-1978. Dort auch weitere Literaturhinweise. Zur Zahlensymbolik bei Bach im Besonderen: Artikel «Bach» in MGG, Band 1, Sp.1030 ff. Neuerdings auch Roger Cotte: *Kosmische Harmonien. Die Symbolik in der Musik* (München 1992) sowie – wiewohl in seiner Bewertung dieser Ebene im Werk Bachs stark einschränkend und relativierend – H. H. Eggebrecht: *Bach – wer ist das? Zum Verständnis der Musik Johann Sebastian Bachs* (München 1992)
4 Die Buchstaben I/J und U/V haben dabei denselben Wert.
5 Rudolf Steiner: *Die Apokalypse des Johannes*, GA 104 (Dornach [7]1985), Vortrag vom 29.6.1908.
6 Grabspruch des Christian Rosenkreutz: «Dies Kompendium des Alls habe ich mir zu meinen Lebzeiten zum Grab gemacht.»
7 Auch die Tradition der christlichen Zahlenkabbalistik, wie sie z.B. Agrippa von Nettesheim repräsentiert, kennt das Prinzip der Umstellung und Vertauschung von Buchstaben (Zahlen), wie schon Johannes Reuchlins *De Arte Cabbalistica* (1517) eindeutig belegt.
8 Dies lässt sich z.B. am Charakter von Variation 7 eindeutig belegen: Sie ist eine Gigue, das heißt ein Typus, der traditionell in einer Suite den *Schlusssatz* bildet.
9 Die Anordnung des Originaldrucks (Leipzig ca. 1743) komprimiert das ganze Stück auf eine einzige Druckseite und spiegelt daher den inneren Aufbau in der Zeilenanordnung nicht getreu wider.

10 Vgl. dazu die entsprechende Situation im «Credo» (Symbolum Nicenum) der h-moll-Messe, den Umschwung vom «Crucifixus» zum «Et ressurrexit».

11 Der Text der ersten Choralstrophe lautet: *O Lamm Gottes unschuldig am Stamm des Kreuzes geschlachtet, / allzeit funden geduldig, wiewohl du warest verachtet. / All Sünd hast du getragen, / sonst müssten wir verzagen. / Erbarm dich unser o Jesu.*

12 Ich verdanke die Anregung zu dieser Sicht dem Essay «Polonaise und Quodlibet. Der innere Kosmos der Goldberg-Variationen» von Heinz Hermann Niemöller (in *Musik-Konzepte 42: J. S. Bach – Goldberg-Variationen*, Frankfurt/M.1985). Nach meiner Auffassung kommt Niemöller jedoch aufgrund inkonsequenter Symmetrie-Erwägungen zu einem in sich nicht ganz stimmigen, weil letztlich inkonsequenten Aufbau des Ganzen, den ich im obigen Schema stillschweigend revidiert habe. Zudem scheint mir die Charakterisierung fast *aller* Variationen der mittleren Gruppe als «Polonaisen» nicht haltbar.

13 In der Urschrift tragen nur die Variationen 7 und 25 – sieht man von den Kanons und der hier nicht in Betracht kommenden moll-Variation 15 ab – einen besonderen Titel: «al tempo di Giga» und «Adagio».

14 Mit «Grabspruch» ist der Grabspruch des Christian Rosenkreutz gemeint. Siehe S. 13 und Anm. 6.

15 Das Jahr 1484 ist das Todesjahr des Christian Rosenkreutz.

16 H. H. Eggebrecht, a.a.O. (Anm. 3).

17 Rudolf Steiner: *Vorträge und Kurse über christlich-religiöses Wirken*, Bd. I, GA 342 (Dornach 1993), 14.6.1921, abends.

18 Exakt gesprochen handelt es sich hier übrigens nicht um die irdischen Grenzen von Geburt und Tod, sondern um die Spanne zwischen Weltenmitternacht und Weltenmitternacht.

19 Rudolf Steiner: *Das Matthäus-Evangelium*, GA 123 (Dornach $^{7}$1988).

20 Rudolf Steiner: *Die tieferen Geheimnisse des Menschheitswerdens im Lichte der Evangelien*, GA 117 (Dornach $^{2}$1986), Vortrag vom 14.11.1909.

21 A.a.O. (Anm. 19), Vortrag vom 3.9.1910.

22 «Es kann aber in Musicis nichts natürliches geschlossen und erkannt werden, wo nicht ratio, das ist Arithmetica und Mathesis vorher den rechten Weg zeigeten ... Wie nun die Musicalischen Intervalle nichts anderes als Zahlen und Proportiones und Gott alles in Zahlen, Maß und Gewicht (Lib.sap.11,21), und alles in gute Ordnung gesetzt und gebracht hat, so muss ja ein Musi-

cus, ja ein jeder Mensch, sich befleißigen und studieren, wie er solcher herrlichen Ordnung nachfolget», heißt es bei Andreas Werckmeister im *Cribrum musicum*, Cap. III (Quedlinburg und Leipzig 1700).

23 Rudolf Steiner: *Das Ereignis der Christus-Erscheinung in der ätherischen Welt*, GA 118 (Dornach [3]1984), Vortrag vom 6. 3. 1910.

24 Ebd.

25 Rudolf Steiner in demselben Vortrag: «Die Dinge wiederholen sich eben nicht in derselben Weise, sondern so, dass eben dasjenige, was aufeinander folgt, sich ausnimmt wie eine Polarität.» So offenbart sich der Gott, der sich Mose, dem Repräsentanten des zweiten Zeitalters (dem mosaischen), noch aus den Naturerscheinungen heraus offenbart hat, in der Spiegelung jener Zeit, dem zweiten nachchristlichen Jahrtausend, jetzt aus den «tiefsten Untergründen der menschlichen Seele [= dem Willensgrund, F. B.] heraus». Entsprechend wird sich das neue Hellsehen nicht aus dem Endprodukt des alten, dem abstrakten Denken selbst entwickeln, sondern aus dem entgegengesetzten Pol, dem Willen (bzw. dem Willensanteil des Denkens).

26 Dies kann hier nicht detaillierter dargestellt werden. Doch man braucht nur einmal an die schöpferische Keimkraft solcher Werke wie die *Chromatische Fantasie und Fuge* oder *Die Kunst der Fuge* zu denken, um zu spüren, was gemeint ist.

27 Wie viel die christlichen Kirchen diesem neuen, die dogmatisch-theologischen Traditionen weit transzendierenden Evangelienverständnis Bachs verdanken, was die theologische Exegetik seiner musikalischen Exegetik verdankt, das lässt sich nur vermuten!

28 Als Inspirator der großen Mystiker Tauler, Meister Eckhart usw.

29 A.a.O. (Anm. 23).

30 «Die Grundstimmung der alten Welt ist eine plastische. Die Grundstimmung der neueren Zeit ist richtig musikalisch, die Welt wird auch immer musikalischer werden. Und wissen, wie man in der richtigen Art darinnensteht, in dem, wonach die Menschheitsentwicklung strebt, heißt wissen, dass man nach einem musikalischen Elemente streben muss, dass man nicht wiederholen darf das alte plastische Element» (Rudolf Steiner: *Kunst- und Lebensfragen im Lichte der Geisteswissenschaft*, GA 162, Dornach 1985, Vortrag vom 31. Juli 1915).

31 Rudolf Steiner: *Das esoterische Christentum und die geistige Führung der Menschheit*, GA 130 (Dornach [4]1995).

32 In diese Societät wurden Komponisten und Musiktheoretiker gewählt (u.a. auch Händel, Telemann und Leopold Mozart), «getreu ihrer Zielsetzung, die Musik rational zu erforschen und dadurch

ihr Verständnis zu fördern ... Von daher erklärt sich der hohe rationale Anspruch dieses Zyklus [Canonische Veränderungen über das Weihnachtslied: Vom Himmel hoch], die konzentrierte Ansammlung kompositorischer Kunstfertigkeit auf engstem Raum, vergleichbar nur noch der ‹Kunst der Fuge›», so der Kommentar von Arnold Werner-Jansen in: *Reclams Musikführer Johann Sebastian Bach. Bd. 1: Instrumentalmusik* (Stuttgrat 1993), S. 191f.

33 So z.B. die Formen *CRC* (Zahlenwerte: 3 17 3, in Var. 14 der *Goldberg-Variationen*) oder *Frater Christian Rosencreutz* (65 97 155, Summe: 317, die Anzahl der real erklingenden Takte der *6 Schübler-Choräle*).

34 Contrapunctus XIV ist hier in einer um 33 Takte ergänzten, hypothetischen Länge (239+33 = 272 Takte) angesetzt. Die analytisch und zahlenlogisch höchst fundierte Beweisführung, dass dies die von Bach intendierte Gesamtlänge der nicht zu Ende notierten Quadrupelfuge ist, legten van Houten und Kasbergen im Jahr 1989 in ihrem Buch *Bach, Die Kunst der Fuge en het getal* vor. – Contrapunctus XII und XIII (Spiegelfugen) sind jeweils in beiden Erscheinungsformen (rectus und inversus) mitgezählt.

35 Vgl. Goethe, *Sprüche in Prosa* (Nr. 842): «Die Würde der Kunst erscheint bei der Musik vielleicht am Eminentesten, weil sie keinen Stoff hat, der abgerechnet werden müsste. Sie ist ganz Form und Gehalt und erhöht und veredelt alles, was sie ausdrückt.» Rudolf Steiner kommentiert in seiner Ausgabe diese Aussage wie folgt: «Die Musik hat in der Wirklichkeit keine Vorbilder (sie findet in ihr keinen Stoff). Der Musiker schafft Form und Gehalt aus dem Innern. Deshalb wird die Musik unter allen Künsten am wenigsten der Gefahr ausgesetzt sein, dass man nicht nach dem Wie, das der Künstler schafft, sondern nach dem Was, das er in seiner Außenwelt vorfindet, fragt.» (Johann Wolfgang Goethe: *Sprüche in Prosa*, Stuttgart 1999.)

36 «Man muss, wenn man das Musikalische begreifen will, ins Geistige hinein», formuliert Steiner am 8.3.1923 (in: *Das Wesen des Musikalischen und das Tonerlebnis im Menschen*, GA 283, Dornach [5]1989). Gleiches gilt übrigens für den Gehörsinn (Zuordnung: ♋), der sich auf der Grenze zwischen stofflicher und geistiger Welt bewegt.

37 Rudolf Steiner: *Kunst- und Lebensfragen im Lichte der Geisteswissenschaft*, GA 162 (Dornach 1985), Vortrag vom 31.7.1915.

38 Gregory Butler: Ordering Problems in J.S. Bach's Art of Fugue Resolved, in: *The Musical Quarterly* 69, 1983.

39 Die Herstellung dieses Drucks hat Bach im Jahr 1749 noch größtenteils mitbetreut, nach Bachs Tod blieb jedoch die Quadrupelfuge

(*Contrapunctus XIV*) unvollendet; außerdem gab es in der Reihenfolge der Stücke erhebliche Unterschiede zwischen der Original-Handschrift Bachs und der Druckausgabe. Die Druckausgabe wurde von Bachs Sohn Johann Christoph Friedrich weiter betreut und erschien im Mai 1752.

40 Christoph Wolff: The Last Fugue: Unfinished?, in: *Bachs Art of Fugue. An Examination of Sources* (Current Musicology 19, 1975).

41 J.-A. Marcel: *J. S. Bach in Selbstzeugnissen und Bilddokumenten* (Reinbek [13]1979).

42 Sollte sich darin eine Beziehung zur «Umlaufzeit» des Christus-Jesus-Lebens verbergen, müsste man exakter vorgehen und prüfen, ob nicht 33⅓ gemeint sein kann. Bei Zugrundelegung solcher Überlegungen ergibt sich z.B., dass Takt 233, die Stelle also, wonach zum ersten Mal die Themen 1, 2 und 3 zusammen erklingen, den Abschluss des siebten Umlaufs von 33⅓ Takten markiert (7 x 33⅓ = 233⅓), die «Septim» des Umlaufrhythmus also. Der achte Umlauf (die Oktav, die sich bei T. 266⅔ erfüllt) ist nur angedeutet (die 5⅔ Takte bis 239). Es bliebe dann am Ende ein «Überschuss» (Coda) von 6⅓ Takten (266⅔ bis 272) übrig, der sich aus der Kombination aller 4 Themen ergäbe …